中国城市建设档案事业简史

李忠谋 王淑珍 姜中桥 著

中国建筑工业出版社

图书在版编目(CIP)数据

中国城市建设档案事业简史/李忠谋等著．—北京：
中国建筑工业出版社，2005
 ISBN 7-112-07684-6

Ⅰ．中... Ⅱ．李... Ⅲ．城市建设—档案工作—文化史—中国 Ⅳ．G279.29

中国版本图书馆CIP数据核字(2005)第086075号

责任编辑：陈小力
责任设计：郑秋菊
责任校对：李志瑛 刘 梅

中国城市建设档案事业简史

李忠谋 王淑珍 姜中桥 著

*

中国建筑工业出版社出版、发行（北京西郊百万庄）
新 华 书 店 经 销
北京建筑工业印刷厂印刷

*

开本：787×960毫米 1/16 印张：8½ 字数：170千字
2005年8月第一版 2006年4月第二次印刷
印数：3,001—4,200册 定价：**18.00**元
ISBN 7-112-07684-6
(13638)

版权所有 翻印必究
如有印装质量问题，可寄本社退换
（邮政编码 100037）
本社网址：http://www.china-abp.com.cn
网上书店：http://www.china-building.com.cn

序

我国城市建设档案工作是20世纪下半叶伴随着国家建设和在改革开放大潮中突飞猛进的城市建设而产生的一项新兴事业，它经历了20世纪50、60年代的初创，80、90年代的迅速发展，很快形成了全国规模的管理体系，成为我国档案事业的重要组成部分，也是我国城市建设走向科学管理的重要标志。随着高科技和信息技术在各领域的渗透，城建档案工作从90年代末开始向现代化管理迈进。跨入新世纪，"数字城建档案馆"已成为城建档案管理信息化建设的目标和宏伟蓝图。

城建档案馆的出现是城建档案事业崛起和发展的标志，但不能说有了城建档案馆才有了城建档案工作。新中国的城建档案工作，应该说从1953年国家开始大规模经济建设，城市建设也随之发展即已开始。毛泽东主席在一次会议上还作过具体指示："一个城市的设计资料，也应统一由城市建设总局管"。1959年在华北东北协作区技术档案工作大连会议上，国家档案局局长曾三就曾建议把全国城市基本建设档案工作建立起来。此后，在1961～1964年间国务院又相继发文要求建立和加强城市基本建设档案工作，并在全国42个城市试点。党的十一届三中全会后，1980年国务院批转《关于全国科学技术档案工作会议的报告》中第一次明确提出："大中城市要以城市为单位，由市人民政府主管城建工作的领导人主持，由市建委或城建规划部门成立城市基建档案馆，集中统一管理城市基建档案。"国家档案局和城市建设主管部门抓住机遇，1981～1983年连续三年召开了三个关于城建档案工作的座谈会，对这项事业的发展起了极大的推动作用，此后，城建档案馆在全国各地雨后春笋般建立起来。

纵观城建档案工作的发展历史，不难看出，是改革开放和城市建设的飞速发展提供了前所未有的机遇;广大城建档案工作者高昂的工作热情和无私奉献精神,使城建档案事业生机勃勃,发展速度令人惊叹。一切新生事物在其发展过程中都会出现这样那样的问题,城市建设的综合性、复杂性决定了城建档案工作涉及面广、工作量大,与各行各业都打交道,总会出现各种矛盾和问题,也无法回避前进道路上种种令人困惑和忧虑的现象,这些也都始终伴随着城建档案事业发展的历程。但是,城建档案与城市建设的密切关系和在城市建设中的作用,是其存在与发展的内在动力和根本原因。所以,无论有什么样的困难和障碍,都不能阻止其持续发展的步伐。

在这里,我想谈谈城建档案的管理问题。1980年时任国务院副总理的万里告诫城建部门说:"所有的管线档案,无论如何要搞几份,规划局存一份,每个建设单位存一份,各个专业局存一份,这样将来一旦有事,可以马上查找,节省很多人力、物力。"这里实际上涉及城建档案管理的一个指导思想,就是要求重要的城建档案(管线档案)必须有多套(几份),多套(份)档案必须分别存放,以便日后使用(将来一旦有事)。在国家有关部门发布的关于城建档案特别是竣工图管理的一系列规章制度中都反映了这个指导思想。这个多套分存的思想,在天灾(地震、海啸、水灾、火灾等)、人祸(战争、恐怖袭击)不断出现的今天,更显重要,意义深远。其实,多套分存的思想也适用于一切重要的、珍贵的档案管理。20世纪70年代唐山大地震后,中共唐山市委分管档案工作的副秘书长在总结经验教训时说:"我们还有一个深刻体会,凡属重要档案资料,必须实行多套、分库保管的制度。"考虑到当前国内外形势和经济、技术条件,分别存放的距离还可适当扩大。目前我国城建档案分存的距离大多在几公里、一二十公里以内,似乎近了些。据我了解,世界银行集团档案馆(设在美国首都华盛顿世界银行大厦内)最重要档案的原件或副本,存放在400公里外远离军事、国防重地的一个旧石灰石矿井内(由一家称为"国家地下库"的公司管理)。这样的距离和安全条件,估计在我国目前难以达到。设想各城建档案馆之间互相代存一些特别重要的城建档案副本,以解决分存距离过近的问题。总之,我们应有忧患意识,做到防患于未然。

城市中创立城市建设档案馆并在全国大中城市普遍设立城市建设档案

馆,是中国档案事业的一大特色。它已受到国际档案界的关注和重视,国际档案界知名人士、英国利物浦大学的迈克尔·库克博士作过这样的评价:"中国城建档案馆的崛起和发展在世界任何地方都是无可比拟的,这是一个充满发展潜力的领域,可能导致理论和实践的巨大变革。"我们有理由为之骄傲,我们有责任总结我国城建档案事业的历史。《中国城建档案事业发展简史》完成了这个任务,这件事做得很有意义。该书是对广大城建档案工作者和研究者实践经验的总结和理论探索的概括,对中国特色档案事业的繁荣发展和档案学研究是一项重要贡献。

陈兆祺

2005 年春

陈兆祺

　　我国现代档案知名学者、教授,曾任中国人民大学档案学院副院长,现任中国老教授协会档案与文秘专业委员会主任。

前　言

《中国城市建设档案事业简史》是一本阐述我国城市建设档案工作产生、演进、发展，直至成为一个相对独立的专业档案管理系统的专著。旨在探索我国城建档案事业创建和发展的一般规律，以期总结历史上的、特别是20世纪80年代后的丰富实践与理论创新的经验，为城建档案工作更好地服务于现代化城市建设提供有益的借鉴。

2000年上半年，中国城市科学研究会城建档案信息专业委员会成立《城市建设档案工作五十年回顾》课题组，着手搜集资料，拟订纲目，开始对新中国成立后的城建档案工作开展系统的研讨，其成果自2001年起在《城建档案》杂志上连续刊出。之后，在《回顾》的基础上，又向前延伸和扩充，遂编纂成这本《简史》。

在本书的编写过程中，得到各地城建档案同仁的支持与帮助。江苏省建设档案馆提供了所编写的《江苏省建设档案志》（讨论稿），南京、包头、成都、郑州、杭州、青岛、大连、上海等市城建档案馆提供了有关资料，在此表示诚挚的谢意。

由于编著者水平所限，书中难免有疏漏，诚请读者和有关专家批评指正。

该书由深圳市档案局资助出版，特在此代表全国城建档案同仁致谢。

编著者
2005年2月

目 录

序
前言
第一章 城市的演进与城市建设档案 ································ 1
    第一节 城市的起源与发展 ·································· 1
    第二节 城市建设档案概念的形成 ······························ 3

第二章 历代城市建设档案简述 ·································· 7
    第一节 古代城市建设文献和城建档案遗存 ······················ 7
    第二节 近现代城建档案 ·································· 12
    第三节 古近代城建档案特点分析 ···························· 14

第三章 中华人民共和国建立初期的城建档案工作 ···················· 18
    第一节 建国前城建档案的收集与整理 ·························· 18
    第二节 城市建设技术资料工作 ······························ 19

第四章 社会主义建设时期的城建档案工作 ·························· 23
    第一节 城市基本建设档案工作的创建 ·························· 23
    第二节 城市基本建设档案工作的初步发展 ······················ 28
    第三节 "文化大革命"对城建档案工作的冲击与影响 ················ 32

第五章 社会主义建设新时期的城建档案工作 ························ 33
    第一节 城建档案工作的恢复整顿 ···························· 33
    第二节 城建档案馆的建立与城建档案事业的振兴 ·················· 37
    第三节 加快发展,努力建设有中国特色的城建档案工作 ············ 53

城市建设档案工作大事记 ······································ 77

第一章 城市的演进与城市建设档案

第一节 城市的起源与发展

一、从原始聚落到城堡聚落

城市是人类原始聚落经过数千年演进的结果,是社会进化到一定阶段的产物。

公元前 6000 年前后,我国进入新石器时代。新石器时代早期,由于农业已从渔猎狩猎中分离出来,使人类的定居成为可能,从而产生了最原始的聚落。到了新石器时代的后期,大约在公元前 2500 年,由于生产力的发展,农业剩余产品增多,手工业逐渐成为一个独立的经济部门,一小部分部落首领集中了较多的财富,成为贵族阶层。私有制的进一步发展使得部落内部和部落之间的利益冲突日益激化,部落间的兼并与战争促使强势部落或部落联盟的产生,从而促成作为防御工事的城堡的出现和贵族阶层拥有统治权力的国家机器的诞生,使我国社会的发展进入由原始氏族社会向奴隶社会过渡的历史阶段。

1979~1980 年在河南淮阳县发掘的平粮台遗址,就是一处龙山文化晚期具有代表性的城堡式聚落。遗址总面积约 5 万平方米,城内居住面积约 3.4 万平方米。遗址已发现的建筑有:现存城墙长、宽各 185 米,平面呈正方形,高 3 米多,下部宽约 13 米,顶部宽 8~10 米,采用比较先进的小版筑技术。两座城门坐落在南、北城墙中央,位于城堡中轴线上,南门两侧有门卫房,南北城门有土路相连。城内还有十几座地面和高台建筑基址与多处陶制排水管、陶窑、墓葬等。

平粮台遗址和在我国多处发掘的龙山文化晚期城堡聚落遗址,虽规模较小,功能单一,内部布局也比较简单,但它们却标志着我国早期城市的出现已经为期不远。

二、早期城市的形成

公元前 2100 年前后,夏王朝建立,我国开始进入奴隶制社会。由于生产力的发展,科学技术的进步,夏代已开始使用青铜工具,农业、手工业有了进一步发展,"贝币"开始出现,已有"夏鲧作城"之说。到了商代,青铜器的冶炼达到相当水平,已存在较为固定的产品交易市场,"文字"作为一种记载符号已经出现,"城"的建筑已初具规模。继商之后的周代,铁器已经开始使用,农业、手工业得到较快发展,商品交换进一步扩大,文献上已有"前朝后市"的记载。加之建筑技术的进步,西周出现了我国历史上第一次城市建设高潮。

自夏至周,在长达一千多年的历史进程中,随着社会经济的发展,我国奴隶制社会下"城"的建设一直处于不断的演变之中。到了西周,由于"城"内人口进一步聚集,"城"的经济功能逐步增强,"城"的规模进一步扩大,宫殿建筑已具相当规模,一个完整意义上的"城市"已经显露。

在我国早期城市的考古发掘中,先后有河南的偃师二里头、尸乡沟,郑州的商城,湖北的黄陂盘龙城,河南安阳的殷墟,陕西的岐周、丰邑、镐京,以及河南的洛邑等遗址。我们可以从安阳殷墟的规划建设情况了解我国早期城市的一般状况。

殷墟遗址位于河南安阳市西北部,横跨洹河南北两岸,是商代后期的一座王都。遗址比较集中的地区面积约24平方公里,至今未发现有城墙。它的中心部分是由东北两面利用洹河的自然弯曲,西南两面则挖掘宽7~21米、深5~10米大沟所围成的一座别具一格的"宫城"。据规划专家称,这可能是殷城采取开放型规划结构形制的结果。遗址以宫廷区为中心,外围环布居住区、手工业作坊及洹河北岸的王陵区。宫廷区有53处建筑遗址,由宫室、宗庙和祭祀场所组成,仅宗庙建筑的范围就达2万平方米,包括21座建筑组成的建筑群,在基址下压有纵横交错的水沟。宫室的房屋多为矩形和凹形,单体面积最大的为40米×10米,房屋结构为卵石柱础支撑的木构架、草屋顶。在王宫范围内还发现多处窖穴、灰坑和一些墓葬,其中一座圆形的窖穴出土17047甲骨文片,据考证可能是王宫的档案库。在手工业作坊内发现有青铜器、骨器、陶器等。由此可知,在商代后期,我国早期城市已经形成。

三、城市的产生与演进

学术界一般认为,我国于公元前475年,即春秋末期进入封建社会。到了战国,由于生产关系的变革、铁制农具的出现、耕作技术的改进,农业有了较快的发展。此时,手工业除保留官办的作坊外,民营与个体手工业也有一定发展,特别是冶铁和制盐业已成为重要的经济部门。在农业、手工业发展的基础上,商品生产逐渐增长,商品交换日趋繁荣,市场不断扩大,过去专为奴隶主贵族服务的"宫市",逐渐发展为规模较大,为各阶层服务的独立商业区。战国以后这种在"城"中兴起的商业区,从根本上改变了城堡聚落乃至早期城市作为奴隶主政治城堡的性质,使其演变为封建社会的一方政治经济中心。至此,"城"与"市"的有机结合,一个兼具政治经济双重职能的"城市"也就应运而生。

齐国的都城临淄就是战国后期一座最宏大的中心城市,人口达30万。遗址位于今山东省淄博市。城市总体规划是以宫城为中心的分区规划结构形式,由大城(外廓)和小城(内廓)两部分组成。内城位于大城的西南角,面积约15平方公里,是城市的政治活动区,内有宗庙、寝宫、宫市等建筑。其中有两处高台建筑基址,据说是桓公台和金銮殿。内城的南面有官府手工业作坊及其生产者的居住区。外廓面积约 60 平方公里,中部和东北部手工业分布广泛,是城市的经济活动区。区内有各种手工业作坊、公共商业区、居住区和墓葬区等功能分区。手工业作坊包括冶铁、冶铜、制骨等,其中冶铁作坊最多,有的作坊遗址面积达 40 万平方米。居民区内已出现由里坊组成的街区。据考古发现,临淄全城有城门遗址 11 座,其中外廓城门 6 座。城墙全部土筑,墙基 17~43 米,南北城墙外挖有宽 25~30 米、深 3 米的城壕,小城的城墙外也有壕。城墙随地形曲折多变,形制不规则。城内有 10 条干道遗迹,内城 3 条,外廓 7 条,按经纬涂制布局。干道与城门相连,是对应城门之间的通道,宽 8~20 米。城内有排水明渠,大城有一条南北干渠,长 2800 米,宽 30 米,深 3 米,北段有一支渠,内城也有一水渠,这些水渠均注入城外水系。

城市,是区域的政治、经济和文化中心。我国城市从春秋战国时期开始形成后,经历了 2000 多年漫长而曲折的发展历程。北宋时,由于废除旧的市坊制,商业取得突破性进展,手工业、交通运输、科学技术、城市建筑均有大的发展。宋代以后,城市的经济、文化功能得到强化,城市作为多功能的中心地位得以发展和巩固。到了明清,尤其是清道光二十年(公元 1840 年)鸦片战争后,外国资本的入侵,民族工业的兴起,促使外贸、金融、工商业、航运、建筑业得到较快发展,一部分通商口岸逐步转变为城市。这些工商业城市虽无古代传统的城墙,但它们却是真正意义上的地区中心。近代城市的发展,使城市出现了水厂、电厂、煤气厂等公用事业,城市道路、交通等市政设施得到相应发展。城市建设和城市面貌也发生了很大变化。

新中国成立后,我国进入新的历史时期,城市发展出现前所未有的局面。1978 年后,我国实行改革开放政策,社会生产力获得新的解放,城市化进程不断加快,城市数量迅速增加,城市规划、建设和管理已迈上新的台阶,社会主义现代化城市在创建新的、更高层次的物质文明和精神文明中已经并将继续发挥更大的作用。

第二节　城市建设档案概念的形成

一、城市建设档案的产生

"城市建设档案"(简称城建档案)一词是 20 世纪 80 年代才被确立的一个概念,但并不等于我国古近代就不存在城建档案。恰恰相反,我国的城建档案源远流长,遗存也较为丰富,它是我国优秀城市文化的组成部分,也是国家档案宝藏的重要内容。

城建档案是什么?简单地讲,它是城市建设活动的历史记录。从这个并不严谨的定义可知,产生城建档案的必备条件应该有两个:一是要有城市建设活动,二是要有用于记录这些活动的文字和载体。

上节已述,我国的城市萌芽于夏代,形成于商周,成熟于春秋战国。西周时曾出现过我国历史上第一次城市建设热潮。到了战国时期,由于封建生产关系进一步确立,商业和手工业较快发展,以诸子百家为代表的城市文化的兴起,这些因素又促成第二次城市建设热潮的到来。此时,城市规划在前朝的基础上又有创新,由于建筑技能的进步,城墙、城门、宗庙、宫殿、房屋、作坊等建筑,以及道路、排水等设施已达到相当的水平。

城市建设热潮的兴起和城市规模的扩大,在客观上要求把那些日后需要记忆和传承的城市建设活动成果记录下来。在文字出现之前,信息的传递只能靠口传身授。直到夏代文字出现之后,才使得用文字记录城市建设活动成为可能。《史记·封禅书》就曾记载过,一名叫公玉带的济南人献给汉武帝一幅相当于夏代初期的明堂图。图上标有大殿、楼台、围墙、道路等,这显然是一幅相当于现代建筑总平面图的图样。如果我们认可司马迁这段记载的真实性,是不是可以推断我国的城建档案形成于夏代。夏代是我国古代城市的萌芽时期,此时用于记录活动的文字已经出现。从产生城建档案的客观条件分析,明堂图的存在是可能的。1977年在河北省平山县战国中山王墓出土的一块铜制"兆域图",是我国现存的惟一一件古代建筑平面图,从制图的精确度可以推测,春秋末期,我国的城建档案的绘制已趋成熟。再如春秋末期齐国的工艺官书《考工记·匠人》就是一份总结和反映周代城市建设活动的重要史料。我们现在见到的《考工记》是西汉河间献王刘德将其补入《周礼》中已失传的《冬官》一篇,因此又可称为《周礼·冬官》。至于《考工记》是用什么文字写在何种载体上,后人已无法考证。但有一点是可以肯定的,即从它记载的内容和后人对周代城市的考古发掘相对照,《考工记·匠人》确系春秋末期遗存下来的一部重要城市规划建设规章,它应该是我国现存最古老的、比较完整和系统的一份城建档案。

以上是从文字的出现和城市的形成来说明我国的城建档案可能起源于夏代,到了春秋战国时期,由于第二次城市建设热潮的兴起,加之用于记录的金文已经取代甲骨文,记录城市建设活动的城建档案更趋成熟。但是,由于受到记录载体的限制(主要是刻写在青铜器上),当时产生的城建档案也只能是为数极少的"官书"。到了东汉后,由于纸张的出现,人们用于记录的材料发生了划时代的变革,城建档案不论在数量上,还是在形式、内容上也相应发生了深刻的变化。

二、城建档案概念的形成过程

有了城市,就必然有与之相应的城市建设。因为城市的政治、经济、社会、文化等功能的发挥,是在建设活动所创建的物质平台上展开的。各个历史时期的城市

第二节 城市建设档案概念的形成

建设基本上是一种承前启后、反映当时的物质与精神文明水平的创建活动,它要承接历史的优秀文化成果,又很自然地将建设中创建的新的物质成果用某种形式传递下去,为后人所了解和传承。城建档案正是在这种历史延续的客观需求中应运而生。

研究城建档案概念的形成,一定要了解我国文书档案演变的一般状况,同时还要了解城建档案在形成发展过程中与文书档案之间的关系,只有这样,才能从整体与局部的联系上更好地去认识城建档案。据档案史专家研究认为,档案萌芽于原始社会后期,产生形成于阶级社会初期。也就是说,我国古代以记录公务活动为主要内容的档案和档案工作,到了夏代已趋成熟。当时,国家的公务活动主要包括行政、宗教、军事、商业、手工业、建筑等方面的内容。为便于开展公务活动,国家在都城或王城建造了王宫、庙宇、城墙、壕沟、公共建筑、坊市等,城市建设既为公务活动提供必要的物质条件,又成为公务活动的组成部分。由于古代城市规划和重要的建设工程均属官府行为,记录这些活动的一些公文也就作为公务档案的一部分被保存在官府所设置的档案机构内,也有一些由负责营造工程的官员自行保管。如汉代的石渠阁、兰台、东观就是汉代中央档案典籍库,库内所藏"图籍秘书",多为公务活动产生的档案,其中就有一些地图和建筑图。前面我们提到的《史记·封禅书》,说明身为太史令的司马迁在编纂史记时,已经查阅过"石室金匮"里的档案,否则他怎么会知道有幅明堂图呢?正是这幅图和有关记录,使汉武帝得以重建明堂。至于具体的工程施工管理,从汉代出土的骨签档案可知,当时"工官"负责工程管理,并负责保管施工档案。这说明,古代的城建档案从开始形成时起,就是国家公务档案的一部分,与反映国家政治、军事、经济等公务档案相比,它的数量很少,因此客观上不可能划分为一个独立的档案门类,同样,在理论上也不可能形成一个独立的概念。

到了近现代,由于城市数量不断增加,城市规模逐步扩大,城市建设的项目和内容日渐繁多,城建档案的数量迅速增长,加之档案的载体和形式发生了巨大变革,档案的范围和内容也更加丰富。有的部门或单位,由于档案数量较大,开始设置专门的机构来管理其产生的专业档案。如清朝内务府造办处下设的舆图房,既是图样档案的管理机构,同时也是图样档案的专用库房,房内集中保存清政府和前朝遗留下来的地图和工程图纸等图样档案。民国时期,更多的专业部门和单位开始建立本专业科技文件的管理制度和规定,并由经办部门或人员保管所形成的文件材料。如各地管理城市规划建设的工务局,一般在其秘书处下配置专人,有的还设立档案室,负责管理该局形成和积累的文书档案和专业技术档案。

新中国成立后,随着国民经济恢复任务的完成,从1953年开始,国家开始大规模的经济建设,城市建设在改造原有城市的基础上,也有不同程度的发展。在新建工业城市兴建一批大中型工矿企业,以及各地对城市市政公用设施改扩建过程中,产生了大量的城市规划和基本建设方面的技术档案和资料。鉴于技术档案资料大量产生，亟待加强管理的形势，1959年底，国家档案局在大连召开全国技术档案工作现场会。会议提出："对重要的城市和矿区的基建档案，要进行普查，集中统一管理"。1961年1月，国务院在转发国家档案局《关于加强城市基本建设档案的意见》中，对基本建设档案是这样定义的："城市基本建设档案是城市建筑物、构筑物、地上和地下管线等各项基本建设的真实记录和实际反映。"这是我国历史上第一次提出的城市建设档案的概念，它虽不够准确和完整，但对日后城建档案概念的形成，产生过重要影响。20世纪80年代，在各地普遍建立城建档案管理机构，制定和完善城建档案管理规章的基础上，国家建设主管部门和国家档案局于1987年11月联合颁发的《城市建设档案管理暂行规定》中，将城建档案定义为"城建档案是指在城市规划、建设及其管理中形成的应当归档保存的文字、图表、声像等各种载体的文件材料。"可以看出，《暂行规定》给城建档案所下的定义，已经跳出基本建设档案的范围，以整个城市为对象，用城市规划、建设及其管理取代了原定义中的基本建设，使城建档案在内涵和外延上更准确、更科学。1997年12月，建设部第八次常务会议通过的《城市建设档案管理规定》，进一步完善了《暂行规定》提出的概念，使其成为指导全国城建档案工作健康发展的理论依据。应该指出，在讨论和定义"城建档案"概念时，各地还提出其他一些版本，但与《暂行规定》提出的定义并无本质差别。当然，随着21世纪城市规划理念的不断更新，城市建设重点向"生态城市"的转移，以及城市管理的观念、方法和手段的进一步完善和创新，城建档案的范围和内容也必将随之发生变化，但它的根本属性和基本概念是不会有多大改变的。

第二章 历代城市建设档案简述

第一节 古代城市建设文献和城建档案遗存

一、有关先秦时期的文献与档案遗存

大约在公元前11世纪,周武王灭纣,建立了西周。之后,由于实行严格的礼制制度,周王朝的权力更为集中,国力也日显强盛。在成康年代,周朝掀起了以营建王城洛邑(今洛阳)为先导的我国古代城市发展的第一个高潮。为了指导都邑建设活动,还订立了一套营国制度,洛邑就是在营国制度的指导下建设起来的。史料还记载,西周在建筑技术上已有很大进步,板瓦、筒瓦和脊瓦的出现,解决了屋面防水问题。此时洛邑城内的宫室、宗庙等建筑群已具规模。《考工记·匠人》正是为这次建设高潮而制定的营国制度的一部分,是一份十分珍贵、以规划和建设规章为主要内容的城建档案。

《考工记》系《周礼》的一部分,书中记载了六门工艺,三十个工种的技术规则,其中"攻木之工"部分有"匠人"一节。《考工记·匠人》的内容主要有两个部分:1. 规定"匠人"的职责,一是"建国",即给都城选择位置,测量方位,确定高程;二是营国,即规划都城,设计王宫、明堂、宗庙、道路;三是"为沟洫",即规划井田,设计水利工程、仓库及有关附属建筑。2. 制定规划与建筑规制,即规定都城、王宫及道路规划中的具体技术要求,如都城规划必须"方九里,旁三门。国中九经九纬,经涂九轨。左祖右社,面朝后市。市朝一夫(100亩)"。对明堂、墙、屋舍、仓库等施工工艺,也都作了具体的记述。《考工记·匠人》既是一部官制城市规划与建设的规章,又是汇先秦规划与建筑之大成的重要典籍,对后世的城市规划与营造业的发展产生过巨大的影响。

先秦时期的建筑档案遗存已十分罕见,前章提到的战国中山王墓一号墓中出土的"兆域图",是现今仅存的一件。该图作于长方形铜板上,主要由线划符号、数字注记、文字说明三部分组成,以示墓域范围、规划布局和建设方位。从图上"中山王律令"可知,当时对建造陵墓的各项尺寸要求极严,同时还规定"其一从,其一藏府"。也就是说,该图一件随葬,一件藏于府库。可见,当时对重要的工程图,已有多套异地保管意识。

此外,在《逸周书》、《左传》、《管子》、《老子》、《越绝书》、《齐乘》和《史记》等文献中,均记载有先秦时期城市规划建设内容的片段。尤其是《逸周书·作雒》,可谓是

一本记述营建洛邑的专篇,它对王城的宫室、社稷坛与朝门等建筑,都作了详细的叙述。

二、有关秦汉时期的文献与档案遗存

战国末期,由于秦采取残酷的兼并政策,至统一六国时,除秦都咸阳外,大部分城市遭到严重破坏,导致中国城市发展史上的第一次倒退。汉定天下后,汉高祖在其"凡城皆县"的命令下,城市建设有了起色,尤其是在秦兴乐宫的基础上兴建新都长安,后不断扩建,至汉武帝时又大兴土木,经过前后一百多年的建设,长安城成为具有庞大坚固的城垣,整齐宽阔的街道,规模恢弘、交通便利、市肆繁荣的帝都,它也是当时世界上最大、最繁华的城市之一。《三辅黄图》就是一部记载古城长安建设过程和情况的最早、最集中的文献。

据《三辅黄图》记载,当时的长安城墙"高三丈五尺(8.25米),下阔一丈五尺(3.53米),上阔九尺(2.12米)。雉高三坂,周围六十五里",经考古工作者实测,长安城墙周长为25700米,与文献记述基本相符。在建造长安城墙时,文献留下了从西汉惠帝三年至五年(公元前191~前189年),三次征用民工31.1万人次的记录。对于宫殿建筑群的殿阁数量与名称,及其所用建筑材料,更是记叙详尽。

除《三辅黄图》外,记载长安城建设情况的还可散见于东汉班固的《西都赋》、张衡的《西京赋》,及《史记》、《汉书》等历史文献。

由于城市建设、赋税和战争的需要,地图很可能是最古老的城建档案。20世纪80年代后期,考古学家在天水放马滩一号秦墓中发现了7幅在松木板上的秦始皇八年(公元前239年)时的古地图。其中有表示居民点的行政建制的"政区图",有描绘地形、地貌、河流、道路、关口位置的"地形图"。1973年12月,在长沙马王堆汉墓中,出土了三幅西汉初年的帛图,其中一幅为城邑图,即我们现在所称的城市平面图。该图绘有城垣的范围、城门堡、城楼、城区街道、宫殿建筑等。据测绘专家分析,这张城邑图很可能是一幅省级首府的平面图,它对研究古代城邑的形制、规划布局、城防设施和城垣、城堡、楼阁建筑艺术等都有很高的价值。由于这幅图是绘在缣帛上的,因而成为我国年代最悠久的仅存的古代帛制城市平面图,实为古代城建档案不可多得的珍品。

三、有关隋唐时期的文献与档案遗存

隋唐时期是我国城市发展史上的一个重要阶段,尤其是唐代前期,城市发展到一个新的高峰。此时城市数量不断增加,出现了15个人口超过10万户以上的城市,其中长安、洛阳两城市的规模尤为宏伟。

隋文帝统一中国后,于公元582年,在汉长安城东南营建新都大兴城,唐代在隋大兴城的基础上继续扩建,前后经历了72年(公元582~654年),才完成长安的筑城建设。

公元605年，隋炀帝在汉魏洛阳故城西营建东都，同时，又大规模地开凿南北大运河，遂使洛阳成为南北水陆交通的漕运枢纽，经济地位十分重要。

隋唐时的长安和洛阳是当时全国最大的两座城市。据文献记载，长安城宏伟壮丽，人口近百万，是全国的政治中心和商业都会，还是国际交往中心，驻有多国使节和商人，是当时世界上最大的整齐、壮观和繁华的城市之一。记载隋唐长安和洛阳两座城市规划建设情况的有《隋书·高祖本纪》、《宇文恺传》、《隋书·炀帝本纪》、附于《隋书》的《明堂议表》、《旧唐书·地理志》、《新唐书·地理志》、《唐六典》、北宋《长安志》、南宋《雍录》、元《长安志图》、《资治通鉴·隋记》、清《唐两京城坊考》等，其中尤以《唐两京城坊考》的记载较为集中和具体。

需要指出的是，负责长安和洛阳两个城市的规划和建设的是我国古代著名的规划和建筑工程专家宇文恺，他原是将作大匠，后升任工部尚书，主持兴建两座都城及宫殿衙署，以及隋的宗庙、离宫和陵墓等重大工程。他还撰写过一些有关建筑的著作，其中只有《明堂议表》流传后世。根据《明堂议表》可知，宇文恺考证了隋以前的明堂形制，提出建造明堂的设计方案和依据，并且附有按百分之一的比例尺绘制的平面图和模型。当时，重大建筑物在施工前先制图已是通制，而按严格比例制作模型并写出设计依据的说明书则是宇文恺的贡献。

四、有关宋元时期的文献与档案遗存

公元960年，宋朝建立，从而结束了唐朝后期至五代十国以来分裂割据的局面。两宋时期，在我国城市发展和城市建设史上是一个重要的转折时期，此时，全国10万户以上的城市由唐代的15座增至40座，由于废除坊市制，商业、手工业十分活跃，"城市"才得到真正意义上的进步与发展。

由于宋代手工业的发展，建筑材料多样化，建筑技术的精巧，使得建筑构件的标准化在唐代基础上得到进一步发展，《营造法式》、《木经》、《筑城法式》和《梓人遗制》、《大元仓库记》等建筑文献正是对汉唐以来，尤其是北宋时期建筑设计和施工经验的全面总结和规范，对研究古代城市建筑具有重要的历史价值。

《营造法式》是我国现存时代最早、内容最丰富的建筑典籍，由北宋将作少监李诫奉令编修，全书34卷，内容包括五个部分：一是"序"、"劄子"和"看详"，相当于书的前言；二是"总释"、"总例"两卷，主要是注释各种建筑和构件的名称；三是各作制度十三卷，详细记述了壕寨、石、大木、小木等十三个工种的标准做法，完整地总结了建筑设计和施工中的"模数制"；四是"功限"、"抖例"十三卷，规定了各种工程制作和安装的工作量，及使用材料的限量；五是各种工程图样六卷，包括平面、剖面、立面和大样等。

宋元时期，由于商业和手工业的发展，我国城市除北方的开封、大都（北京）外，南方的临安(杭州)、嘉兴、平江(苏州)、扬州、福州、泉州、广州、静江(桂林)等一批工商业和港口城市迅速崛起,其中北宋时的开封、南宋时的临安、元代的大都都是人口达数十万的全国最大的城市,记录这些城市规划和建设情况的可散见于许多历史文献,但主要有:《宋史·地理志》、《宋会要辑稿·方域》、《东京梦华录》、《梦梁录》、《清明上河图》、《梦溪笔谈》及《元史·地理志》、《缀耕录》中的《宫阙制度》、《马可波罗游记》等。

此外,宋元时期,我国石刻地图档案遗存也较为丰富,除《禹迹图》和《华夷图》等全国性小比例尺地图外,石刻城市地图中以《平江图》和《静江府城池图》最为著名。《平江图》是北宋时平江府(今苏州市)的城市平面图,公元1229年制成,比例尺约为1:3000。图中详细地描绘了城市的各种构成要素,城墙、城厢、平江府、平江军、吴县等军政机关宅院突出于第一层平面,还显示了街坊、寺院、亭台、楼塔以及纵横交错的河网和305座桥梁。在图边上还压缩表示了城郊的著名风景胜地。《平江图》中以道路、水系网络构成的城市平面图内容,与现在苏州老城区的城市布局相比,其基本格局大致相同,一些古建筑,如塔、观、寺等,其位置与现有建筑地点大致相应。石刻平江府图采用平面与三维立体相结合的表现方法,具有很强的立体感和真实感,是一份珍贵的城市平面图档案。

南宋咸淳八年(公元1272年)铭刻在鹦鹉山南面崖壁上的《静江府城池图》长3.2米,宽3.0米。图面除少数部位脱落外,大部分清晰可读。该图从其制作年代、特点、地图内容及附文来看,均与现在的施工平面图相仿,是一幅极其珍贵的静江府城池竣工图。

五、明清时期的文献与档案遗存

明朝立国后,由于强化中央集权,推行一系列较为积极的政治和经济措施,农业生产逐步恢复,手工业、商业和对外贸易也得以发展。至明代中叶后,资本主义生产关系在一些行业开始萌芽,与此同时,全国出现了50多个重要的工商业城市和沿海贸易港口,城市建设进入一个新的发展期。在建筑技术上包砌砖垣和新的木构架,广泛用于城墙、宫殿和陵墓建设上。北京的皇史宬,南京的无梁殿等砖券结构的建筑物开始出现;万里长城、北京故宫、十三陵等,成为中国建筑史上一个辉煌时期的标志。

明代遗留至今的文献和档案很少,其中在建筑方面较有影响的专著有《鲁班经》,原书名为《鲁班经匠家镜》,是一本民间匠师的业务用书。全书有图一卷,文三卷。书中介绍行帮的规矩、制度以致仪式,建造房舍的工序,选择吉日的方法;说明"鲁班真尺"的运用;记录常用家具、农具的基本尺寸和式样;记述常用建筑的构架形式、名称,一些建筑的成组布局形式和名称等。据资料,明代著名建筑工匠蒯祥,一生从事建筑活动达半个世纪之久。明景泰七年(公元1456年)升任工部左侍郎,由他参加或主持的重大工程有北京宫殿、衙署、隆福寺、紫禁城外的南内、西苑(今北海、中海、南海)殿宇及长陵、献陵和裕陵等,其中由他设计的全套天安门工程图纸,至今仍完整地保存在北京国家图书馆。

此外,《园冶》、《长物志》、《工部厂库须知》等都是记载有关建筑技术的专篇;《大明一统志》、《天工开物》中的《陶埏》款、《天工开物》中的《砖》款、《明史·地理志》等文献中,也有京城规划和建设,以及建材工艺方面的记载。

清王朝定都北京后,由于采取缓和社会矛盾、恢复生产的政策,尤其是康乾时期,农业得到发展,经济比较繁荣,工商业城市的数量比明代有所增加。在城市建设方面,清政府对明代宫殿予以保护和利用,并创造了我国古代城市园林和寺庙建筑的鼎盛时期。《工程做法》正是清代在建筑工程逐渐增多,对工程建设亟需统一整顿的情况下所产生的一部官制建筑设计规范。

《工程做法》共74卷,清雍正十二年(公元1734年)刊行,全书内容大体分为各种房屋营造范例和应用工料估算额限两部分。前27卷为27种典型工程实例的大木设计及各部分的详细尺寸,后47卷为大木作、装修作、石作、瓦作、土作、铜作、铁作、搭材作、油作、画作、裱作等13个工种的用料定额规定。大木作各卷还附有屋架侧样(横断面图)示意简图。

《工程做法》既是工匠营造房屋的标准,又是主管部门验收工程、核定经费的明文依据。应用范围主要是营建坊庙、宫殿、仓库、城垣、寺庙、王府等房屋和油画裱糊工程。对于民用修造,与《清会典·工部门·营建房屋规则》相辅为用,起着建筑法规监督限制的作用。

此外,清代遗留下来的有关建设方面的文献尚有《工部续增则例》、《内庭做法则例》、《城工事宜》、《圆明园工程做法则例》等。

在清代,工程建设主要由工官负责。工官有"内工"和"外工"之分,他们分属内务府和工部掌管。样式房是工程的设计部门,属内务府,职责是绘制工程图样,制作工程模型(烫样或木模型)和编制丈尺做法说明。内务府营造司销算房和工部营缮司销算房则负责工料的估算和竣工结算等。由于工官负责都城和各地城垣、宫殿、衙署、坊庙、碑亭、道路、河工、造园、陵寝等各项重要工程建设,所形成的工程档案数量很大,故清代工部内设有清档房,专门负责工部档案的管理,在内务府造办处设舆图房,除收藏各种舆图外,还保存一定数量的工程档案。

由于实行严格的工官制,并设有机构负责工程档案管理,清代,尤其是乾隆及其以后的年代,是我国古代保存城建档案最多的时期。至于清代城建档案遗存数量,至今尚无确切的统计。笔者仅从北京国家图书馆所收藏的文献目录和中国第一历史档案馆1994年编纂的《乾隆朝汉文分类检索目录》中做过一次不完全的统计:前者收藏的有关工程建设方面的文献和档案共30项,计168册,其中有都城规划、宫殿、陵寝、城墙(门)、碑楼、道桥等工程和物料价格等方面的内容。后者收藏的建筑类档案计1023卷,包括衙署、府第、官房、行宫、园囿、碑楼、祠坊、考棚、陵寝、坛庙、监狱和建筑材料等;交通邮电类档案计965卷,包括道路、桥梁运输、内河水运、驿站、驿道、邮局等。以上两类档案多为修建奏报及动用银两方面的内容,很少涉及竣工事宜,更无工程图的绘制。此外,列入《检索目录》的还有地图类196件,真正属于城市平面图和工程平面图的很少,估计不会超出10%。

另据资料,现今所遗存的最大宗清代建筑工程档案,是清代世袭设计官"样式雷"家族所遗留的数千件图样、上百件烫样和一些《丈尺说明册》等。这些档案除保存在第一历史档案馆、北京国家图书馆、清华大学外,还有一些图件散布在世界(主要是欧美)各地,如著名的圆明园平面图。

"样式雷"是清代宫廷建筑匠师家族。雷氏家族先后有六代人在内廷样式房任掌案职务,负责过北京故宫、三海、圆明园、颐和园、承德避暑山庄等重要工程的设计。雷氏家族在做建筑设计方案时,都按1:100或1:200比例先制作模型小样呈报内廷,以供审定。这些模型小样均用草纸板热压而成,其中部分建筑物的这种称之为"烫样"的模型,至今仍留存在北京故宫。

第二节 近现代城建档案

一、近代的城建档案

中国近代史发端于清道光二十年(公元1840年)的鸦片战争。由于中国在这次战争中失败,清政府被迫签订《南京条约》,因此,西方列强通过一系列不平等条约攫取在华割地、租地、开设租界和开辟通商口岸的特权,至中日甲午战争爆发前,列强在中国开辟的通商口岸达43个,有9个国家先后在上海、天津、广州、厦门、汉口等10个城市开辟了租界。1895年中日《马关条约》签订后,西方列强更是大举入侵,清政府又在沿海和内地增开口岸53个。随着清末洋务运动后一批近代工业的兴起及对外贸易、航运业、金融业的发展,一部分口岸很快发展为近代城市。这些口岸城市在开始兴建时,普遍开展勘察测量,绘制城市平面图,编制城市总体规划。许多城市陆续创办水厂、电灯厂,铺设道路和下水管道,一批近代工业建筑也不断兴起。因而这个时期在城市规划和建设中形成的城建档案数量较以往有较快增长。

出于保管和利用的需要,晚清政府在实行新政后的一些部门和较大企业,普遍重视对文书档案和科技档案的收集与保管。政府部门实行分科任事制,一般都成立机要科、案牍科等掌管文书档案机构;大型企业则设立文案处或既负责绘图又负责保管图纸的画图房等机构来管理科技文件。由于档案管理机构的加强,使清末时期产生的部分科技档案得以保存下来。在这些科技档案中,城建档案占有一定的比例。如光绪年间清政府的邮传部存有营口自来水、电灯、电车和筹办蒙古、江西铁路奏折档案；民政部存有修建陵寝、坛庙、衙署、城垣、桥梁、道路、码头、仓库等档案；学部存有修建衙署、文庙工程和修建经科大学、法政科等校舍工程用料、工程做法等档案；宣统年间会议政务处保存的兴建北京自来水和西陵工程等档案。以上这些档案现存中国第一历史档案馆。20世纪80年代各地城建档案馆成立后，也收藏少量本地晚清遗存下来的城建档案。如上海市城建档案馆收藏有1855年印制的上海市平面图和绘制的洋泾浜北岸的现状图，1904年的外白渡桥工程档案和美、英、法、德、日等国租界的地籍图；大连市城建档案馆收藏有1860年拍摄的大连城市旧貌和1909年拍摄的中山广场照片，1898年沙俄占领时期编制的第一部城市规划，1905年绘制的地下管道图等；青岛市城建档案馆收藏有1900年德国占领时期编制的城市规划图和房屋建筑、市政建设等档案。

二、民国时期的城建档案

1911年辛亥革命推翻满清王朝。在经历了南京临时政府、北洋政府之后，直到1927年南京国民政府成立时，全国的经济形势才有所好转，城市建设逐步恢复和发展，1926~1936年间被认为是民国时期国民经济和城市发展的高峰期。据资料，1893年全国5万人口以上的城市89个，至1936年增至171个，其中10万人以上的城市就有58个，上海、天津、广州、南京、汉口、香港、沈阳、青岛、大连、杭州等城市的人口均在50万以上。此时，城市中除修建道路、桥梁、下水管道、电厂、水厂、煤气厂等基础设施外，工业建筑已由传统的木结构、砖木结构转向钢混结构，出现了一些结构先进的工业厂房。各地普遍建造了一批规模大、层次高、具有时代特色的办公楼、学校、医院、商场、银行、火车站等现代公共建筑，也兴建了一批具有西方特色或中西合璧的居住建筑——花园洋房和公寓。城市建设的发展，形成了数量可观的城市规划和建设档案。现在，各地城建档案馆保存的民国时期的城建档案，大多是20世纪30年代留存的。

由于民国时期对公务文书的管理已具现代意识，从中央到各省市政府，均建立了相应的档案管理机构，档案管理的法规也较为健全，如民国17年（公元1928年）国民政府颁发《档案室办事细则》，对文书档案管理的职责、办法和手续等，均做出明确规定。民国23年（公元1934年）国民政府又颁发《整理国史及档案办法》。民国30年（公元1941年）颁布《各机关保存档案暂行办法》等。这些细则和办法，既适用于行政院所属各部委，又对各省市政府其中也包括建设主管部门的档案工作起指导作用。抗战胜利后，国民政府行政院还专设档案整理处，负责档案整理，并指导各部、厅的档案工作。正因为有一套比较完备的档案形成和保管制度，又有专设或兼管的档案机构，因而民国时期中央政府主管建设工作的内政部和各省市城市建设的管理部门所形成的大量文书档案得以归档保存，这些档案以后虽多有损毁,至建国前仍有一部分被保留下来。

保管民国时期中央政府档案比较集中的机构是中国第二历史档案馆。据了解,在民国行政院所属内政部地政、营建、方域各司及建设委员会的档案中,共收藏有关城市规划、建设和管理方面的档案1600余卷、图纸137张,其中有首都分区规划草案,云南、山东等省各项建筑规划,上海房屋建筑规划,济南、天津都市计划大纲,南京、贵州、山西等地自来水厂敷设及概况调查,上海市修建码头、堤岸、桥梁等工程经费支出概算表等。如果把行政院地政署有关建设用地的文件加进去,则涉及城市建设方面的档案数量还要更大。除中央政府各部门所保存的有关城市建设的文件外,各地也保存一定数量的城建档案,如上海市城建档案馆保存的民国时期上海市工务局的档案就多达 30 000 多卷,青岛市保存建国前的城建档案有近 20 000 卷,大连市也藏有近 600 卷。

第三节　古近代城建档案特点分析

我国的城市形成至今已有数千年的历史,是世界上少有的几个城市发源地之一。如果我们认定《考工记·匠人》就是记录和反映我国周代城市建设高潮中所产生的一部年代最久远的档案,那么我国产生城建档案也有2500年的历史了。两千多年来,在漫长的封建社会制度及特有的文化背景中形成的我国古近代城建档案,究竟有哪些自身的历史和文化特征呢? 归纳起来,主要有以下二个方面:

1. 我国古近代尚未形成独立的城建档案工作,城市建设文件多包含在官务文书当中。

城市是一个地域的经济、政治和文化中心。历代王朝为巩固其统治,都十分重视城市建设。为了实施工程管理,我国自商代起,就设有"工官"来管理工奴。周代设有司空职掌营造业,由"匠人"负责都城规划和各项工程建筑。据资料,春秋中期前,由于贵族政权实行世卿制度,有关建筑工程方面的档案,均由相关官员世袭保存。

秦朝设将作少府管理土木工程,其"任内档案"仍自行保管,到了两汉时期,由于重视前朝档案的收集和本朝档案的积累,开始出现石渠阁、兰台等中央档案库,因而汉代朝廷专管土木工程的"工官"——将作大匠在工程建设中形成的档案,除由匠府专管文书档案的官吏保管外,一部分重要工程的奏疏档案,由中央档案库收藏。

隋朝在中央政府设有六部,其中工部主管制定有关建筑工程的法规,实际管理工程的是将作大监。唐朝设将作监,下设四署分管木、土、舟车、石陶等工作。在我国历史上,中央政府设工部这一机构,自隋代始一直延续到清代。根据隋唐时期文书档案工作的规定,工部和其他中央机构一样,设有主管文书档案工作称"都事"的

第三节 古近代城建档案特点分析

官吏,负责收受、转发文书、稽查缺失、监印等事务。工部及将作监在工程管理中形成的文书,是作为文书档案的一部分入库保存的。宇文恺是隋朝的著名城市规划和设计专家。他历任副监、将作大臣、工部尚书等要职。据《隋书·宇文恺传》,宇文恺曾撰有《东都图记》、《释疑》、《明堂图仪》等著作。为做好明堂的规划设计,他博考群籍,对明堂的规格制度,从历史角度逐一考察分析,后上奏《明堂议表》,提出对建造明堂的建议。为显示设计效果,他还绘制了 1:100 比例尺明堂图,并用木料制作了建筑模型。由上可知,宇文恺在完成各项工程规划设计和著作中,不仅充分利用自己所保存的工程方面的资料,且查阅了存放在工部和中央档案库的历代工程建设文件。可惜的是,宇文恺的三部著作均已失传,只有《明堂议表》流传后世。

宋元时期,尚书省下设六部,各部分别设有管理文书档案的架阁库,并任命主管官员。此时工部负责工程管理的将作监规模更大,它在工程管理中形成的档案和前朝一样作为文书档案的一部分由工部架阁库收藏。北宋时中央政府设置称为"金耀门"的文书库,规定六部、三司的档案在本衙署架阁库存放一定时期之后,要送交金耀门文书库收存。宋代《营造法式》的编修者李诚,初入将作监时,就是一名管理文书的主簿,后连升三级官晋至监。李诚在将作监任职十三年中,曾掌管许多新建和重建的重要工程,这些工程所形成的文书,有的由他本人保存,有的则存放在工部的架阁库,他在重编《营造法式》时,就是利用了大量自己保存或工部所存的有关档案,花了四年时间,才完成我国建筑史上这部重要法规。

明朝时,六部曾一度直接听命于皇帝,权力很大。此时工部设有司务厅掌管文书工作,工程建设中形成的文件是作为司务厅文书档案的一部分被保存的。到了清代,管理全国的土木工程仍然是工部的主要职责之一,另外内务府设营造司专门管理帝王宫殿和园林建设。由于雍正王朝普遍建立文书档案的副本制度、离任移交和奏折上交等制度,清代,尤其是康乾时期后,工部和内务府的营造司、造办处所形成的工程建设文件与图件,都是作为文书档案的一部分而保存在清档房和档房,并最终向中央档案库——内阁大库移交。20 世纪初,清政府在实行"新政"后,有关城市建设方面的档案,在内阁、邮传部、民政部等政府部门的文书档案中,得到较好的分类保管。

民国时期,中央政府主管全国建设工作的是内政部。内政部下设的方域司、营建司和地政司分别负责区划设置,营建规章、计划和各类建筑工程,以及土地和房屋管理等。当时,国民政府各部都设有政务厅,下设负责文书工作的文牍科,并制定比较系统的档案管理制度。1940 年国史馆成立后,由于加强对各机关档案的收集与保管,因此大部分有关城市建设方面的文件均在机关文书档案中得到较好保存。各省市也都相应成立主管建设工作的建设厅和工务局。各市工务局总务科或秘书科既是机关文书工作部门,也是文件保管机构,有关城市规划和建设方面的文件均由它们统一收集和保管。

从上可知,由于我国古代国家政权和地方政府机构设置的历史状况,负责都城和城市建设的机构,均列为中央政府和地方政府的重要组成部门,他们在执掌城市建设工作中所形成的文件,一般是作为公务文书而被保存在中央档案库内,因此,文书档案与城建档案不分,典籍与档案难分的情况,在古代是非常普遍的。再者,从古近代城建档案发展的水平分析,在20世纪50年代前,城建档案不可能也没有条件作为一个独立的档案门类收藏和管理。因此,我们在研究古近代城建档案的特征时,要考虑档案工作的整体环境,把城建档案和当时的文书档案管理体制、管理规则联系起来。只有把城建档案作为国家档案工作的一个组成部分去研究,才能从整体和局部的关系上,把握城建档案自身的特征和规律。

2. 古代城建档案遗存较少,且多见于古文献记载,其内容的完整性、适时性和准确性,较之现代城建档案存在较大差异。

由本章第一节可知,两千多年来,我国古代有关城市规划和建设的文献数量很少,尤其是城建档案实物遗存,更是凤毛麟角。究其原因,主要有载体、社会和档案形成等三个方面。

我国古代用于记录各项活动的载体经历过甲骨、金石、简牍、缣帛、纸张几个发展阶段。金石取材不便,且刻制困难;简牍体积大,使用和携带不便;缣帛价格昂贵,无法推广普及;汉以后,纸张逐步取代了简牍,成为文字记录的主要材料,但纸张易受潮变霉,难于长久保存。这或许是我国古代档案遗存甚少的重要原因。不可忽略的是在朝代更迭中,档案遭到战乱和人为的毁坏也十分严重。但就城建档案而言,还在于自古以来文书档案是整个国家档案的主体,它记录的内容一般是当时政治、军事、生产活动中的重要事件,而建筑工程在古代被视为工匠手中的粗活,是不受社会重视的行业,偶或有个人手抄秘本,也难以保存和流传,这可能是城建档案遗存少之又少的又一原因。

诚然,历代王朝对都(王)城建设十分倚重,一些重大工程建设均委派官员负责监管,隋以后,中央政府还设立专门机构管理宫苑和各地的建设,这就使得一些由官方制定的建筑规章和一些经帝王御批的重大规划和建设项目文书有可能被收集到相关部门(如工部)和中央档案库保存,这些档案日后就成为一些史官编纂史志的文字依据。从前文对历代城市建设文献和城建档案遗存的简介中可知,除《考工记·匠人》、《营造法式》、《工程做法》等少数建筑专著外,一些有关城市规划和建设方面的记述,大都散存于历代文献中。由于遗址开挖和出土的实物毕竟有限,后人主要还是通过文献中的记述去了解那个朝代城市规划和建设的情况。

由于古文献对城市规划和建设的记述多系后人所为,严格地讲,它已不是现代意义的"档案",而是在档案基础上经过加工的二次文献,因此文献的完整性、适时性和准确性均受到历史的局限。但是,由于原档案已无从查找考证,古文献中的记述就成为研究当时城市规划和建设的珍贵参考资料。如记述唐代长安和洛阳的建设情况的《唐两京城坊考》,其作者是清人徐松。为了考证1200年前唐代两座京城的规划和建设,使《城坊考》尽量与历史状况相符,他从1809年开始,用了整整40年的时间,搜集了大量的档案资料,终于在去世前完成了全书的编纂。《城坊考》共五卷,记述了长安、洛阳两京城的城坊、宫殿、衙署、街市、苑囿以及渠道分布等。他还根据掌握的资料,绘制了多幅平面示意图。现在,《城坊考》已经成为我们了解和研究长安与洛阳两座城市变迁、发展的珍贵史料。

《唐两京城坊考》和其他一些古文献一样,系后人根据历史上的有关档案资料,经过整理考证所编纂。20世纪50年代以来对唐长安城遗址的多次发掘,证明《城坊考》的记述与发掘的遗址基本相符。但是,由于撰稿人生活的年代距隋唐兴建长安城的时间相隔太久,且受资料所限,因而书中某些记载过于简单甚至也有明显的丢失和谬误。尽管如此,古文献中对城市规划和建设的记述,是一种难得的历史补缺,我们应该十分珍惜它的历史价值。只是我们在研究和利用这些史料时,要有辩证的历史的观点,不能全盘肯定,也不能全盘否定,而要结合考古发掘,认真做好对占有资料的比较考证工作,从而去伪存真、去粗取精,充分挖掘古文献中所蕴含的档案价值,为我们研究城市建设及其发展服务。

第三章　中华人民共和国建立初期的城建档案工作

第一节　建国前城建档案的收集与整理

一、国家档案管理部门对旧政权城建档案的接收

1948年4月,据国民政府方域司统计,当时全国共有67个设市城市(含台湾省的9个市)和2037个县(旗)。除东北及沿海的少数城市及被辟为通商口岸的城市中曾有过一些现代的市政公用设施外,绝大多数城市基础设施十分落后,房屋破旧,满目疮痍,城市处于衰败状态。

新中国成立前的1949年2月,毛泽东主席就指出:"必须用极大的努力去学会管理城市和建设城市。"为了适应管理城市的需要,建国后,党和政府十分重视档案资料工作。1949年10月,政务院就成立了"指导接收委员会",统筹指导处理有关国民党政府人员、档案、图书、财产、物资等接收事宜。民国时期,国民政府曾一度(1928~1238年)设置过建设委员会,掌管全国的建设事业。1938年该机构撤消后,其职能主要由内政部执掌。之后,在国民政府内政、地税、水利、交通等部及所属机构文书档案中,均包含数量不等的建设档案。1951年2月成立的南京史料整理处(1964年更名为中国第二历史档案馆),接收了国民政府五院、十五部及其所属机构的档案130多万卷,其中仅内政部营建司、地政司的城建档案就有1674卷,还有一部分地图,因方域、水利、交通等机关档案中的城建档案未统计在内,所以实际藏数远不止这些。在这些档案中有:首都分区规划草案,天津、济南等城市都市计划大纲,贵州、山西等地自来水管敷设及概况调查表,及建筑技术规则等法规文件。

1938年后,国民政府虽未设城市建设管理部门,但各省市均设有专门机构,如省建设厅,市建设局或工务局。省市建设管理部门及所属机构形成的有关城市建设方面的档案,均列入机关文书档案,由秘书室(科)保存。这些档案,在建国后的50年代中期省市档案管理机构建立后,均由同级档案管理局(处)接收。如国民政府江苏省建设厅及所属机构的档案(包括公路、桥梁、电话、供电、市政、水利等)共8603卷,现藏江苏省档案馆。全国其他省市由档案部门所接收的民国时期机关档案中,均有一定数量的城建档案。如南京市档案馆1959年成立之后,在接收和征集的建国前20.96万卷档案中,城建档案就有1.15万卷,图纸1657张。这些档案由于来自省市级机关,多属城市规划、建设方案及建设项目审批等管理文件,也有少量随文图纸。而技术性文件和图纸,仍在各市城建局的业务部门保存。

二、城市建设管理部门对城建档案的收集与整理

建国初期,从中央到地方都设置了城市建设管理机构。当时城市建设任务虽十分繁重,但受人力、物力、财力的限制,新建项目很少,因而对档案资料的需求不是很迫切,加之全国性的档案管理机构还没有系统地建立起来,各地建设局对民国时期遗留下来的一些建设档案还无暇顾及,使得一部分新旧档案资料仍然分散在业务部门和具体经办人手中,这种状况一直延续到省市建立档案管理机构为止。1954年11月,国家档案局成立,同年12月,中共中央办公厅在北京召开了第一次全国档案工作会议,在这次会议上,讨论通过了《中国共产党中央和省(市)级机关文书处理工作和档案工作暂行条例》,第一次提出集中统一管理机关档案的原则,制定了历史档案的收集和处理办法,它不仅使机关档案室的工作得到加强,在反对分散保存的原则下,也加强了政府各业务机构、企事业单位的档案工作,推动这些单位对分散积存档案的收集和整理。1956年4月国务院又颁发了《关于加强国家档案工作的决定》,第一次提出国家全部档案的概念,指出包括旧政权档案在内的全部档案,都是国家的历史财富,必须积极收集并加强清理和整理工作。1953年我国开始实施第一个五年计划,城市建设项目日益增多,旧的城市基础设施需要改建与扩建,因而50年代中后期,城市建设管理部门普遍开始重视档案资料工作。一些城市的建设局秘书科(室)一方面加强对现行档案的管理,同时也抽出一定的人力、物力对积存档案和建国前遗留下的建设档案进行清理。如全国解放前夕,南京市旧政府曾计划将中山陵的档案装箱运至台湾,但由于战事紧迫,这部分档案还未及运走时福建即解放,这些档案则滞留在沿海港口。1953年5月,福建省交通厅函告南京市政府,后由中山陵园管理处派员赴闽取回这部分档案。这些城建园林档案,包括中山陵建筑的全套设计图纸和文件及陵园管理处所辖范围内的名胜古迹、景区建筑、道桥及土地征用等档案6174宗(件)和图纸511张。其中中山陵全套建筑和结构图纸为仅存孤本,具有重要的保存价值与史料价值。这些档案由中山陵园管理处清理立卷后移交城建局保管,南京市城建档案馆成立后,由该馆收藏,成为最珍贵的馆藏历史档案。又如青岛市城市建设管理部门,清理建国前城建档案近2万卷,其中有德国占领时期房屋建筑、市政建设、排水工程等档案,这些档案后来成为青岛市城建档案馆馆藏珍品。

第二节 城市建设技术资料工作

一、技术资料的含意

建国初到20世纪50年代末,在城市建设中形成的图纸和文件,人们习惯称为

"技术资料"。而当时所称的"技术资料"与我们现在所说的"城建资料"在内涵上完全不同,前者实际上是指"档案",而不是"资料",它主要包括应归档保存的图纸和文件,同时也有少量用于工作参考而收集的文献资料。

50年代这种把技术资料与技术档案不分的现象,是有其历史原因的。当时国家档案工作的主要任务,是尽快建立各级党政机关档案工作机构和制度,因而把加强机关档案室和文书立卷作为工作的重心,而此时,全国也只有少数大中型工矿企业和科研单位开始建立技术档案工作,如何划分技术资料与技术档案仍处于调查研究之中。

直到60年代初,档案界和城建部门才开始把城市建设中所产生的文件材料称为"基本建设档案",所以,在城建档案馆创建之初多数叫"基本建设档案馆"。直到80年代后期,才正式提出"城市建设档案"的概念。这种称谓上的变化,反映了人们对城市建设和城市建设档案内涵和范围的认识逐步深化,"城建档案"更确切地反映城市建设工作的全部内容。

二、城建技术资料工作的提出

建国后的头三年,随着经济的恢复和发展,各地新建了一批工人住宅和市政公用设施,产生了新中国成立后第一批城建档案。当时这些档案只是作为技术资料分散保存在各建设单位或经办人手中,给查找利用带来很大困难,有的甚至损坏丢失,未能发挥应有的作用。

1952年8月,建筑工程部成立。同年9月,中央财委召开了建国后第一次城市建设座谈会,会议决定从中央到地方建立健全城市建设管理机构,将全国的城市分为四类,并划定了城市建设的内容和范围。当时提出城市建设工作的范围包括调查研究、道路、自来水、下水道、公用绿地、电车、公共汽车、防洪排水、桥梁、轮渡、煤气等十一个方面。会议提的这个内容和范围,成为当时建设与管理城市的依据,在一段时间,也成为各地分类保管城市建设技术资料的依据。

"一五"计划实施后,城市建设作为国民经济的重要组成部分,也进入大规模有计划发展的新时期。当时,主要力量集中在苏联援助的156个项目和694个限额以上项目的建设。城市建设的重点也是放在那些有重要项目的新兴城市。其他城市在"变消费城市为生产城市"的口号下,也安排了一些建设项目。大规模的城市建设产生了大量的规划、管理和工程技术文件材料,很自然地提出如何管理这些技术资料的问题;另外,由于新建城市、新建项目增多以及"向科学进军"的号召,许多部门和单位迫切需要获得相关的档案资料,这在客观上也要求加强城建技术资料的管理和利用工作。

正是在全党工作中心转向经济建设的关键时期,1956年2月,毛泽东主席在有国家建委、煤炭部、石油部等工交部门领导人参加的汇报会上提出:"一个城市的设计资料,也应统一由城市建设总局管,但各部也要管一点,把你自己的资料拿出来,同他们对一对,可靠不可靠,就更有把握了。"1956年1月,周恩来总理在党中央召开的关于知识分子问题的会议上讲到:"为了实现向科学进军的计划,我们必须为发展科学研究准备一切必要的条件。在这里,具有重要意义的是要使科学家得到必要的图书、档案资料、技术资料和其他工作条件……必须加强图书馆、档案馆、博物馆的工作。"党和国家领导人对做好技术资料工作的殷切期望,极大地促进和推动了技术资料工作的开展。

1956年,城市建设部部长万里多次强调城建资料工作,他在谈到城市规划工作首先遇到资料缺乏的困难时说:"例如几个重点工业城市的水文地质情况、地震烈度等,至今尚未最后判明。但是,国家建设不能等待资料齐全之后再进行,城市规划要在建设之前编制。"在中国共产党第八次全国代表大会上,他提出"各种勘察测量成果,应交当地城市建设部门一份,统一加以保管,以供有关单位使用。"

国家档案局为了改变技术资料工作不适应大规模经济建设需要的状况,1956年3月在给国务院《关于目前档案工作情况和今后工作安排》的报告中,提出"科技档案的管理,应该着重摸底,迅速制定办法,建立管理工作,以逐步赶上国家的需要。"

为了推动技术资料工作,逐步建立起按专业统一管理的体制,1956年4月,国家建委召开由工程技术人员参加的全国首次技术资料工作经验交流会议。1957年国务院科学规划委员会第四次扩大会议进一步提出,由科委、建委、地质部、农业部及国家统计局对工业交通、基本建设、地质、农业、经济等方面着手建立初步的统一的资料管理工作,并制定了建国后第一个技术资料文件——《关于改进技术资料工作的方案》,该方案对加强技术资料工作发挥了重要作用。

三、城建技术资料的保管与利用

建国初期,城市建设新建项目不多,技术资料少,城建技术资料基本上处于分散保存状态。即使集中统一保存,也是由行政部门按机关文书档案立卷归档,以防资料散失。

1956年4月,国务院颁布《关于加强国家档案工作的决定》后,城建技术资料分散保存的情况有了很大改变。《决定》中规定,国务院各部委应该在办公厅下设立档案室,省属厅局也应设档案室,专(相当于现在的省辖市)、县级机关和各级企、事业单位设档案室或配备专职干部,负责管理本单位形成的档案。自此,各地城市建设管理机构根据"集中统一管理国家档案,维护档案的完整与安全,便于国家各项工作的利用"原则,逐步建立起档案管理机构或配置档案人员,开展档案资料的收集、整理和提供利用等工作。

当时,主管全国城市建设工作的是城市建设部,部机关档案工作由办公厅负责,部直属单位的档案工作由本单位档案室负责,办公厅负责指导督促。那时还未明确赋予部办公厅对全国城建技术资料工作的行业管理职能。各省设建设厅,对档案资料工作的管理模式类似城市建设部。各市、县设城建局,当时已有一部分市城建局建立了档案室(资料室),有的仍然由局秘书室负责管理档案资料工作。城建局直属单位,如市政公司、自来水厂、公交公司等单位的文书档案和技术资料由本单位行政科室负责。

包头市是"一五"时期新建的工业城市,1953年成立包头市建委时就设了资料室,编制十几人,资料室内成立资料收集组和编研组,为包头城市规划建设收集整理了许多基础材料,并编写了《包头市水源勘测工作报告》《历史人口状况》《国民经济状况》等汇编资料。该室1955年更名为技术资料室,为适应内部管理和开展对外服务的需要,该室对积存档案按自然、经济、规划、地形图四类进行分类整理,当时清理归档的资料就有903卷,地形图30万张。有的城市,市人民委员会直属机构中还有房产局、建工局、园林局等,其档案工作体制与城建局基本相同。

由于当时国家对技术资料工作尚处于调查研究、制订办法的阶段,各地对城建技术资料工作均未制定本专业管理规定。国家、各省市人民委员会所颁布的机关文书档案工作的原则和规定,就成为各地城建技术资料工作的依据,如1956年3月,江苏省委下发的《中共江苏省委机关文书处理和档案工作暂行细则》,其中就涉及到基建档案资料的管理。

"一五期间",全国共完成150多个城市总体规划编制,其中经国务院批准的有西安、兰州、太原等15个城市。大规模经济建设和城市规划、城市建设对技术资料的需求增大,各地建设主管部门在档案机构建立之初,就注意在工作中发挥现有资料的作用,如1956年上海市城建局在维修白渡桥时,由于利用了该桥的结构图纸,很快就完成了修复任务。当然,由于当时技术资料少,主动服务的意识较弱,档案利用服务还处于被动和初级的阶段。

为了自上而下推动技术资料的保管与利用,1956年4月,国家建委召开首次技术资料工作经验交流会议。会上共展出45151项技术资料,签订交流合同35678项,交流图纸125万张。仅煤炭部工业系统由于得到这次会议交流的图纸,就节约了25720个设计工作日。技术资料在经济建设和城市建设中所发挥的效益,使更多的人认识到这项工作的重要性,也为以后讨论和制定《加强管理基本建设档案的意见》做了必要的准备。

第四章　社会主义建设时期的城建档案工作

第一节　城市基本建设档案工作的创建

一、20世纪50年代后期的城建技术资料工作

1956年国家对农业、手工业、私营工商业的社会主义改造基本结束。1957年"一五"计划超额完成。此时，我国的社会经济得到空前的巩固和发展。由于执行对新工业城市和改扩建城市区别对待的方针，各类城市的建设工作均取得不同的进展，我国城市化水平由1949年的10.6%提高到15.4%，年均增长0.6%。这段时期是建国后我国城市化进程中健康发展的阶段。

从1958年开始，国民经济进入"二五"计划。不久，在全国范围内掀起了"鼓足干劲，力争上游，多快好省地建设社会主义"的"大跃进"高潮。为了紧跟形势，受"左"的思潮影响，在城市建设中也提出了所谓"用城市建设的大跃进来适应工业建设的大跃进"的口号，各地迅速修订或制定城市总体规划，以适应大办工业的需要。一些城市规划建设了工业卫星城，北京为迎接国庆十周年，用一年多的时间建成了人民大会堂、北京火车站、革命历史博物馆等十大工程。各地也借国庆十周年，不计财力，大兴土木，从而掀起了新一轮建设热潮。

50年代末，在城市建设热潮中产生了大量的城建技术文件。如何管理好这些文件材料，当时有两个问题困扰着大家：一是技术档案与技术资料长期混淆，应该用什么原则区别界定档案与资料，这是档案人员普遍关心的问题；二是虽然1956年国务院在《关于加强国家档案工作的决定》中提出各级机关的档案材料（包括收发文电、内部文书、技术文件等）应由档案室集中管理，但城建技术档案分散保存的现象并未从根本上改变，以致档案的丢失和损坏依然十分严重。据1960年沈阳市统计，在所调查的5773项工程中，没有归档或档案不全的就有3603项，工程图纸文件的归档率只有37.6%。城建技术资料工作存在的上述问题，在其他的专业技术资料工作中也同样存在，只是由于城市建设涉及各行各业，使这些问题变得更为突出罢了。

为了推动科技档案的集中统一管理，更好地服务于经济建设和城市建设，1959年6月，国家档案局在北京召开了有一千多人参加的"全国档案资料工作先进经验交流会"，同时举办了一个展览。在展览中有这样两个实例：上海钢铁厂筹建处选定同济大学旧校址为厂址，因时间紧迫，场地来不及钻探，但情况不明，又不敢施工，经同济大学档案部门的协助，找到了1934年原校舍图纸，参考后问题很快得到

解决。鹤岗市兴山煤矿在施工中,由于档案部门及时提供一套伪满时期的煤矿图纸,发现正在施工的坑道上方还有一个旧坑,其中有大量积水,施工单位当即采取措施,避免了重大伤亡事故和财产损失。根据图纸还从旧坑道内取出小铁道、水泵等大量物资设备,并摸清了煤藏量,为国家节约了大量勘探资金。从这些实例中人们逐步认识到,科技档案只有走集中统一管理的路子,才便于利用,也才能充分发挥档案在生产建设、城市建设和科学研究中应有的作用。

二、"技术档案"与"技术资料"两种概念的区分

20世纪50年代中后期,随着国家经济建设热潮的兴起和向科学进军口号的提出,各行各业对技术档案和技术资料的要求日益迫切。当时,生产、建设和科研部门把在工作中积累的技术性文件材料统称为技术资料,这些"资料"中主要是技术档案,但也有一些是搜集来的参考资料,且往往和文书档案混杂在一起,使用起来甚为不便。1958年后,许多企事业单位积累和搜集的技术材料大量增加,因而技术档案在保管和利用之间的矛盾更为突出。对这一情况,科学界和历史学界都曾提出过批评和意见,我国著名建筑学家梁思成就曾反映过协和医院在维修地下管线时,因无档案资料,到处挖掘,损失很大。

针对当时档案与资料不分,技术档案不能适应国家建设需要的状况,档案界在1956年以后的二三年中,通过调查研究和深入讨论,提出"档案"与"资料"的划分原则和加强科技档案工作的建议。1958年6月,国家档案局在北京召开有工业、交通、建筑部门参加的17人会议,研究技术档案与文书档案的区分和加强技术档案管理的问题。翌年,曾三同志在全国档案资料工作先进经验交流会的总结中指出:"由于技术档案和技术资料的关系特殊,情况复杂,我们究竟应该怎样管,管些什么,还需要具体研究。"后来他在《档案工作》杂志(1959年第8期)上发表的论文中对档案和资料是这样定义的:"档案"是本机关(包括企业单位)在工作和生产中形成的文书材料、技术文件、影片、照片、录音带等,经过一定的立卷归档制度而集中保管起来的材料。而"资料"则是为本机关的工作和生产需要所收集起来的一切材料,其中有别的机关在工作和生产中所形成的文书材料和技术文件,有本机关档案的复制本,也有公开出版或内部发行的印刷文件。曾三同志对"档案"和"资料"两个概念所做的诠释,为城建技术资料工作和城建技术档案工作的开展,奠定了理论基础。

三、大连会议的召开及"城市基本建设档案"概念的提出

1959年12月1日至9日,国家档案局为适应"二五"期间工业与科研工作对档案资料的需求,在大连召开了华北、东北协作区技术档案工作扩大会议。虽然是两大区的技术档案工作会议,但与会人员扩大到其他20个省、自治区、直辖市和20多个中央主管机关,实际上是建国后召开的第一次全国性技术档案工作会议。

会议以研究《技术档案室工作暂行通则(草案)》(以下简称通则草案)为中心,着重讨论了技术档案与技术资料的划分,建立技术档案室和技术文件材料归档制度以及技术档案实行集中统一管理等一系列根本问题。

鉴于技术档案不但数量大,而且专业性强,又是一项新的工作,与会同志一致要求国家档案局加强对技术档案工作的指导、监督和检查,要求中央各主管机关加强档案工作并对本系统的技术档案工作进行必要的业务指导,比较大的部委应根据需要设立档案局或档案处。负责工业交通和科学技术的国家主管部门,还应该着手编制本专业技术档案保管期限表,制定专业档案管理办法,并规划技术档案馆的建设。与会者还一致要求各省、自治区、直辖市人民委员会加强对技术档案工作的领导,对主要城市和矿区的基建档案工作进行一次普查,提出统一管理的方案。会议还要求今后每一个新建项目包括每一条地下管道竣工,必须有完整的技术档案。

国家档案局局长曾三在这次会议的工作报告和会议总结中多次提到城市基本建设档案工作,阐述了基建档案在国家经济建设和防卫中的重要作用,他说"一个城市的全部建筑物的技术档案,应由城市规划局或房产管理局保存一套,万一某一建筑本身发生变故把档案毁了,就可以拿城市规划局保存的那一份来复制。苏联很多大城市在战后能够很快地照原样修复起来,最重要的原因就是他们的档案保存很好。"还说"在城市,必须检查(房地产管理局或城市规划局)全城市的基建档案,做到每一幢房屋、地下水道和其他一切工程的档案都有着落。"特别要提出的是,曾三同志在谈到建立技术档案管理机构时说:"按地区建馆还是按专业建馆?或者只是按专业集中管理目录?这个问题还要大家来讨论。"并说"至于馆的分布和设置,应充分考虑专业的需要,并按地区集中起来"。这充分说明,当时国家档案局已经有了按地区建立城市建设专业档案馆的考虑。

1960年2月国务院批转了技术档案工作扩大会议讨论通过的"通则草案",这是我国第一部技术档案工作的重要法规,它的颁发和实施,初步扭转了不重视技术档案工作的状况,加强了技术档案室的建设和技术档案的管理利用,对推动全国技术档案工作产生了深远的影响。城市基本建设档案工作也是通过这次会议才被更多的人了解、重视,在这次会议上还第一次明确地将城市基本建设档案定义为:城市建筑物、构筑物、地上和地下管线等各项基本建设的真实记录和实际反映。"城市基建档案"这一概念的提出,改变了长期以来城建技术资料与城建技术档案不分的状况,是观念上和认识上的一次飞跃,为城市基本建设档案工作的创建做了理论和组织上的准备。

四、哈尔滨会议与基本建设档案工作的创立

1960年10月17至26日(距大连会议不到一年),国家档案局在哈尔滨召开了东北、华北协作区城市基本建设档案工作会议,国家建委主管领导和辽、吉、黑、晋、冀、鲁、京、沪及内蒙古等九个省、自治区、直辖市档案管理局负责人,哈尔滨市主管城建的领导参加了会议。会议着重讨论了城市基本建设档案的定义、范围、作用、管理办法等一系列问题,研究制定了《关于加强管理城市基本建设档案的意见》(以下简称《意见》)。《意见》及会后国家档案局《关于如何加强管理城市基本建设档案的报告》(以下简称《报告》),由国务院于1961年1月27日批转试行。

《意见》和《报告》,是各级档案管理部门、城市建设管理部门和广大城建档案工作者深入实际、调查研究的科学结论,是大连会议后开展城市基本建设档案工作的总结。《意见》明确提出城市基本建设档案的范围包括工业建筑工程、交通运输工程、市政工程、民用建筑工程和城市规划等五个方面的档案资料。《意见》要求城市规划、城市建设主管部门,各工业交通和公用事业的主管机关,应把业务工作中形成的设计文件、竣工图纸及其他有关材料,集中到档案室统一管理。建设单位都要把全部基建档案集中到档案室管理。

《意见》和《报告》明确基建档案保存竣工图而非施工图,还明确改扩建后的建筑物、构筑物工程档案必须做相应的补充或修改,并提出设计图在施工中变动后编制竣工图的三种方法。

《意见》对档案部门和城建主管部门在基建档案工作中的管理职能,均有明确要求。鉴于城市基建档案工作专业性强的特点,《报告》指出:"只靠档案管理部门是很不够的。城市规划、城市建设主管部门和各专业主管机关,也都应加强对这一工作的领导或指导。"即专业档案工作要以专业主管部门为主,档案部门在实行监督、指导时,与城市建设主管部门相互配合的管理原则。

哈尔滨会议是城建档案工作从探索、调研的准备阶段进入初创阶段的转折。会议所产生的《意见》和会后的《报告》,为开展城市基建档案工作奠定了基础,其中一些原则和办法为以后40年城建档案工作所继承和沿用。两个文件虽还存在一些有待完善的条款,但其内容比较全面、系统,操作性较强,仍不失为我国城市建设档案工作第一部重要的行政规章,其理论和实践意义都是不容忽视的。

五、城市基本建设档案工作的试点

1961年1月,国务院转发了《意见》和《报告》,要求在直辖市和各省、自治区选择一二个城市进行基建档案工作的试点,以便取得经验,逐步推广。

根据国务院的批示,当时全国有42个城市进行了城市基本建设档案的试点工作,在市建委或规划局、城建局设立档案室(科),对城市基建档案实行集中统一管理,配备一定数量的档案干部(一般为3~5人),开展城市基本建设档案的收集、整理工作。对于无法收集而又迫切需要的档案,则进行补测补绘。

1961年7月,无锡市由城建局组织3名技术人员,用了10个月时间清理积存文件,共整理规划档案203卷、市政工程档案166卷、交通运输工程档案18卷、园林绿化档案 30 卷。为补缺配套,重新绘制图纸 100 多张,复制图纸 400 张,另外还搜集到技术文件 50 余份,基本上达到完整、系统的要求。1963 年 3 月,该市建工局与城建局合并后,又一次组织 6 名技术人员,用了 2400 多个工作日,将 1963 年前的工业与民用建筑档案清理完毕,共立卷归档工业建筑档案 729 卷,民用建筑档案 569 卷。在试点工作中,无锡市城建局根据《技术档案工作暂行通则》,还制订了《技术档案室工作细则(试行草案)》。通过这次试点,初步改变了基建档案谁办谁保管的分散状态,提高了工程技术人员和管理人员对集中统一管理档案的认识,使基建档案的管理逐步走上正轨。

北京市先在一部分单位试点,以人民大会堂工程档案的收集整理为样板,成立了由建筑设计院院长、建筑工程局局长、人民大会堂管理处处长组成的领导小组。参加这一工作的有工程师、技术员、工长等共计 144 人,从 1962 年 10 月开始,历时四个多月整理出竣工图 3199 张,并制定了技术文件的归档范围和档案管理制度。经过这次进一步整理,使人民大会堂的基建档案比过去更完整、准确和系统,基本上可以满足今后维修管理和改建的需要。

成都市委于 1962 年 11 月,成立基建档案试点工作领导小组,分别在城市规划局、电业局、自来水公司等 13 个单位进行试点。市规划局也成立了试点小组,制订了《城市基建档案管理暂行办法》等有关规章制度,到 1963 年全市基建档案试点工作小结时,市规划局共清理归档技术档案 3234 卷、图纸 15586 张。市政工程局清理归档技术档案 695 卷。

1962 年 5 月,在全国基建档案试点工作取得初步经验后,国家档案局在给国务院《关于加强管理城市基本建设档案试行情况的报告》中进一步强调城市基建档案是管理城市的必要条件之一,总结出试行工作的四点经验:第一,要取得领导的重视和支持,并依靠各专业主管机关;第二,试行工作既要抓城市规划和城市建设管理部门,又要抓各专业主管机关和各建设单位,要普遍抓,又要点面结合;第三,建立健全基建档案的归档制度,收集整理工作的重点是竣工图;第四,把基建档案的试行工作同贯彻中央的方针政策有机地结合起来,注意发挥工程技术人员的作用。《试行情况报告》中要求重点试行城市年内拿出初步总结;非试行重点城市也要根据国家有关规定,建立起必要的制度,管好本单位的基建档案。

1962 年 6 月,国务院批转了《试行报告》,加快了工作进度,截止 1962 年底基本完成了试点工作任务。在此期间,有少数城市还建立了城市基建档案馆,如株洲市委 1960 年 11 月 3 日在批转市基建局党组、市档案管理处《关于集中统一管理城市基建技术档案向市委的报告》时,同意在基建局内设立"株洲市基建技术档案馆"。在全国,由于试点工作的推动,一批未列入试点的中等城市也在档案管理部门和城建主管部门的检查督促下,开展了对基建档案的清理、归档工作。

1962 年 11 月,为进一步贯彻大连会议和哈尔滨会议的精神,国家档案局在北京又一次召开"技术档案工作经验交流会"。曾三同志在会上再次阐明技术档案工作专业性强的特点,强调发挥专业主管机关和档案管理部门两个积极性的问题。这次会议对促进全国技术档案工作健康发展,起了积极的推动作用。

到1963年上半年,历时两年半在部分城市开展的城市基本建设档案试点工作告一段落,它是我国城建档案事业发展史上一个重要时期。通过试点,城建档案工作引起相关单位和工程技术人员的关注,试点城市普遍建立起基建档案管理机构或配备了专职人员,开展了对建国后(有的还对建国前)形成的档案尤其是重点工程档案的收集、清理、立卷和归档工作。全国许多城市,尤其是大中城市的基建档案工作出现了前所未有的发展局面,为后来城建档案工作在全国范围的蓬勃兴起奠定了基础。

第二节 城市基本建设档案工作的初步发展

一、城市基本建设档案工作机构的设置和管理体制的确立

全国城市基建档案工作试点任务完成后,根据国家档案局给国务院的《试行情况报告》中提出的要求,各级专业主管机关普遍加强所属单位和本系统档案工作的领导。主管全国城市建设档案工作的建筑工程部办公厅档案处,一方面对部直属单位的基建档案工作加强检查和指导,同时对全国城市基建档案工作实行按专业归口管理。各省、自治区和直辖市建设主管部门对基建档案工作的管理,基本上与部档案处的职能相仿。参照试点城市,各地城建局或规划局普遍建立起基建档案室。1962年郑州市人民委员会曾颁发《郑州市城市基本建设档案管理试行办法》,要求建立和健全基建档案室工作。据《江苏省城市建设档案志》记载,1962年下半年已有南京、无锡、徐州等市建设局,经当地编委批准成立了基本建设档案室,而到1965年底,省辖市城建局全部建立基建档案室。长沙市城建局在20世纪50年代中期,已内设基建档案室,60年代初则成立了由副局长和总工分管的档案科。各级档案管理部门按照国家档案局在《意见》和《报告》中提出的要求,加强对城市基建档案工作的研究、指导、监督和检查。各级专业主管机关则加强对所属企业、事业单位和有关单位的基建档案工作的检查、监督和指导。

曾三同志于1962年11月在全国技术档案工作经验交流会上,对技术档案工作的管理体制作了进一步说明,他说:"为了帮助各单位切实做好技术档案室工作,各专业主管机关和各级档案业务管理部门必须分工合作,进一步加强对技术档案工作的检查、监督和指导,技术档案的专业性很强,必须按专业统一管理,充分发挥专业主管机关的积极作用。……只有专业系统和地方档案业务管理部门结合起来,分工合作,才会把业务指导工作做得更好。专业主管机关可以多管些制度办法

及管理原则和技术方法方面的问题,地方档案业务管理部门可以多做些监督、检查、传达贯彻和组织经验交流等工作。"同年12月,他在全国档案工作会议上又一次强调,"技术档案应当实行按专业统一管理的制度,而不能实行按地区综合管理的制度。对技术档案工作的业务指导,则必须实行档案业务管理机关与专业主管机关相结合的方式。不但各级档案业务管理机关必须加强对技术档案工作的业务指导,而且中央和省级专业主管机关也应当建立业务指导工作,加强对本系统技术档案工作的检查、监督和指导。"

1964年3月国务院在批转国家档案局《关于进一步加强技术档案工作的报告》中提出,"由于技术档案的主要特点是专业性强,数量大,与生产建设和科学研究工作的联系很紧密,因此必须实行按专业统一管理的办法。"1964年4月,国务院在批转北京市人民委员会《关于人民大会堂基建工程档案整理工作情况和加强基建工程档案工作意见》的报告时,更为明确地提出:"各大、中城市都要指定一个城市建设管理部门或城市规划管理部门,统一收集和管理全市重要工程的基建档案。……城市基建工程档案工作,应由建筑工程部负责按专业统一管理;同时,国家档案局和各级档案业务管理部门应该加强对城市基建工程档案工作的检查、监督和业务指导"。批示所提出的这些原则,不仅初步确立了基建档案工作管理体制的框架,也奠定了20世纪80年代后城市建设档案工作实行按专业统一管理体制的基础。

二、城市基本建设档案管理规章制度的初步建立

为了规范竣工图的编制,早在1961年5月开始城市基本建设档案试点工作之初,建筑工程部就下发了编制竣工图暂行规定。对设计单位交付施工图的份数、施工单位编制竣工图的份数及建设单位、设计单位、施工单位在竣工图编制中各自的责任提出明确要求。其中竣工图的编制方法,提出"凡按原图施工的工程,其竣工图可以原施工图代替;施工中有设计修改者,须在原施工图上加以补充修正(附修改依据或附设计变更记录);地下埋设管线、基础应有符合实际情况的竣工图或变更图纸。"这些规定,成为以后国家城市建设专业主管部门制定相关规章的基础。

20世纪60年代初,在国民经济调整中,国家关闭了一批企业,停建了一些工程。为保管好关闭企业和停建工程的档案,国务院于1962年11月批转了国家档案局《关于加强"下马"企业和"下马"工程的档案管理工作的报告》。要求妥善管理"下马"企业和工程的档案,决不能因企业和工程的"下马"使档案受损丢失,以免给日后恢复生产和继续建设带来困难。

1963年,不少单位在清理、整理和利用基建档案时,发现部分图纸年久而变黄,破损或模糊不清。为解决这一问题,国务院批转了国家档案局《关于切实改善图纸质量和图纸复制技术》的报告,聂荣臻副总理专门做了批示,指出像天安门地下管道图、人民大会堂的部分图纸,现在已看不清楚了,这种情况,应该引起注意。之后,国务院责成计委指定专人主持此事,并要求国家科委负责组织研究制图的药剂、纸张、设备,并制定国家标准颁布施行,凡不合乎技术标准的一律不准使用。这是一项保证基本建设档案长久安全保存的重大措施。

1964年,由于贯彻党的"调整、巩固、充实、提高"方针,国民经济得到迅速恢复,城市建设也出现了转机。为使科技档案适应生产、建设、科研发展的需要,国家档案局给中共中央、国务院的报告《关于进一步加强技术档案工作》中提出做好科技档案工作的七条意见和措施。同年三月批转全国贯彻执行。这七条意见对全国基本建设档案工作机构的建立与健全,规章制度的制定与完善,档案队伍的充实与稳定,档案的集中统一管理等一系列重大问题的解决产生了深远的影响。

1964年4月,国务院批转北京市人民委员会的报告,肯定了北京市在整理人民大会堂工程档案时所作的三条规定:1.今后的新建工程,必须在设计、施工过程中就注意积累和整理技术文件和图纸,并于工程竣工后,编出竣工图,移交有关单位妥善管理。新建工程的档案,在竣工时应作为整个工程的一个项目进行验收;2.已竣工的一般工程,如果档案不完善、不准确,应该根据维修、管理和生产的需要,有计划地进行收集、整理和补制竣工图。重要工程,凡是没有竣工图或已做竣工图但不够准确的,要有计划地分期分批进行绘制;3.进一步建立、健全和加强基建档案管理工作,适当调整机构、充实人员、健全制度,改善保管条件,切实把这一工作做好。国务院在批示中指出,这三点对全国各城市都有参考价值,希望各省、自治区和直辖市参考北京市的做法,检查试点城市,总结经验,并向其他城市推广。

1963年至1965年,全国各省、自治区、直辖市及许多大中城市的建设主管部门和档案行政管理部门认真贯彻国务院对科技档案、基建档案工作的一系列批示和国家档案局关于加强基本建设档案工作的意见与措施,结合本地实际,制定了有关基建档案工作的地方法规规章。江苏省人民委员会于1962年8月印发了《关于加强城市基本建设档案管理工作的通知》,1965年4月江苏省建设厅和档案局联合颁布《江苏省管理城市基建技术档案的规定》。1963年,南京、无锡两个试点市城建局分别制订了《关于城市基本建设工程竣工图编制与归档问题的暂行规定》、《关于城市基本建设技术档案验收暂行规定》。1964年6月,两个市又分别制定《城市建设技术档案工作暂行细则》。1965年5月,无锡市人民委员会颁发了《无锡市城市基本建设档案管理暂行办法》。1962年成都市在基建档案工作试点中,制定了《成都市规划局城市建设档案管理暂行办法(草案)》、《规划局档案资料调阅办法》、《关于图纸、资料使用的几项规定》,以及城市规划、建筑管理、勘测设计和技术资料分类编号方案等规章、规范。1962年,郑州市人民委员会颁发了《郑州市城市基本建设档案管理试行办法》。各地所制定的有关基本建设档案的法规与规章,为基本建设档案工作的发展,奠定了基础。

三、城市基本建设档案工作的发展

随着部分城市基建档案工作机构的建立和国家及地方法规规章的颁布实施，全国大中城市基建档案工作得到较快发展。

北京市在万里副市长的亲自过问下，根据整理人民大会堂基建工程档案的经验，进一步对国庆十周年十大工程的竣工图开展了补建工作。这项工作计划分两批完成，第一批为民族文化宫、革命历史博物馆、军事博物馆和农业展览馆，于1963年底完成。第二批于1964年开始。后据8个工程统计，补建工作先后共组织724人，花了18440个工作日，补绘一、二、三类竣工图6317张。除十大工程外，全市其他重要工程，凡没有竣工图或已做竣工图但不够准确的，都分期分批进行了绘制。

据《江苏省城市建设档案志》载，省建设厅在南京、无锡二市基建工程档案工作试点的基础上，及时向省辖市推广，1962～1964年，扬州、徐州、苏州等市城建局，普遍开展了档案接收工作。至1965年，各市在建设过程中形成的各类档案基本上能按时接收集中管理。为提高竣工图质量，1963年建筑工程部、国家档案局在上海举办了小型技术档案图纸展览会，江苏省建设厅组织南京、扬州、徐州、无锡等市城建局负责人前往参观，并提出改进档案纸质和提高蓝晒图质量的要求，使工程图质量得到明显改善。1965年4月，江苏省建设厅和档案局联合发出《江苏省管理城市基建技术档案的规定》，对基建档案工作做出具体规定，包括卷皮式样、目录书写、案卷装订等。由于档案数量日益增加，各市对档案库房均作了调整，南京市城建局档案室1968年初经市革委会批准，新建400平方米馆库。当时拥有这样大的按照规定荷载设计的独立库房在全国尚属首家，可以看出市政府对基建档案工作的重视和支持。

1965年江苏省省辖市基建档案室库房面积一览表

单 位	库房面积(平方米)	单 位	库房面积(平方米)
江苏省建设厅档案室	40	南通市城建局档案室	30
南京市城建局档案室	120	扬州市城建局档案室	30
镇江市城建局档案室	30	淮阴市城建局档案室	22
常州市城建局档案室	30	徐州市城建局档案室	70
苏州市城建局档案室	50	连云港市城建局档案室	22
无锡市城建局档案室	80		

南京市在基建档案试点工作基本结束后，城建局党委即提出：1. 新建工程必须及时绘制竣工图；2. 重大工程的文件和图纸要保证质量以满足永久保存；3. 每一年度结束后，所有文件必须按规定整理、立卷、归档，以便开展利用工作。这些举

措对逐步建立基建档案工作的正常秩序,推动基建档案工作的发展起了作用。1963年底,南京市人民委员会还印发了《南京市城市基本建设档案管理实施细则(草案)》,作为各单位开展基建档案工作的依据。在这次清理归档工作中,城建局系统组织54人,其中工程技术人员占80%。排查出重要工程625项,用了5493个工作日,经过半年多的努力,至1964年6月,共完成333项工程档案的整理,补绘底图1249张,复印蓝图10532张,装订成1103卷册。此次清理归档,既是试行工作的继续,又是基建档案工作从试行转为正常后一次重要的业务实践,其效果是明显的。据当时统计,基建档案的利用率比上年同期增长3.3倍;城建系统的档案干部,由过去的7人,增至15人;库房面积由183.2平方米,增至389.8平方米;档案柜由53个增至103个;还制定了档案调阅制度、归档试行制度、技术档案分类表、验收暂行规定、档案鉴定与处理等一系列规章。1965年10月,城建局与市档案管理处联合下发通知,对全市厂矿、电讯、供电、交通运输、文教卫生及公共建筑工程,应向城建局技术档案室移交档案的内容做出规定。并要求工程改建、扩建和维修中变更部分的新图要及时补送。可以看出,当时基建档案工作的范围已从城建系统发展到整个城市,包括所有形成基建工程档案的建设单位。

包头市城建局档案室面对基建档案数量猛增加、类别繁多的状况,为更好地满足提供利用的需要,1965年对分类大纲进行补充与调整,还兴建库房100平方米,购置档案柜30套,改善了工作条件。

1963年下半年至1966年初,在建筑工程部、国家档案局的正确领导、积极扶持下,全国各地尤其是大中城市的基建档案工作得到前所未有的发展,普遍设立档案机构,配备档案干部,建立规章制度,档案的收集、整理工作进展很快,部分城市的档案库房得到改善,基建档案工作出现了喜人的发展势头。

第三节 "文化大革命"对城建档案工作的冲击与影响

1966年5月开始的"文化大革命",使城市建设受到极大的冲击。同其他行业一样,从国家到地方各级建设主管部门和档案管理部门均停止工作或被迫撤销,使城市建设和档案管理处于极其混乱的无政府状态。

"皮之不存,毛将焉附"。作为城市规划、建设和管理组成部分的城建档案工作,也难免此劫,人员被下放,制度被废弃,大批档案被分散。由于竣工档案损毁严重,不少建设单位不得不重复设计施工图,因无档案资料可查,施工重大事故不断,给城市建设和管理造成难以估量的损失。"文革"初期无锡市城市建设管理机构反复多次撤并,档案库房被挤占,致使1949~1968年形成的大量建筑管理档案,被堆放在厕所旁的敞棚内,任凭风吹雨打,至1972已破损不堪,最后大部分档案不得不当废纸送到造纸厂。这样令人痛心的事例,全国各地都有。

第五章 社会主义建设新时期的城建档案工作

第一节 城建档案工作的恢复整顿

一、党的十一届三中全会后城建档案工作面临的形势

由于"文化大革命"的干扰和破坏,城市建设发展同样受阻,加之城镇职工下放,知青上山下乡,城市人口出现建国后第二次负增长。1966年全国城镇人口占总人口的17.8%,到1978年增为17.9%,整整13年,仅提高0.1个百分点。城市化进程长期在低水平上徘徊,这是经济衰退、城乡人口逆向流动的恶果。1978年,党的十一届三中全会的召开,使我国经济、社会发生了深刻的变革,城市建设也进入一个新的发展时期。

面对城市建设和管理中存在的大量亟待解决的问题,1978年3月国务院召开了第三次城市工作会议,制订了一系列拨乱反正的方针、政策,解决了城市建设中存在的一些关键性问题。这次会议后,国家建委和国家城市建设总局着手起草"城市规划法(草案)"等城市规划、建设和管理方面的法规和规章,以适应正在艰难起步的城市建设事业。由于各地城市规划工作全面展开,城市住宅和市政公用设施建设发展迅速,对档案资料的需求日益迫切,促使城市建设主管部门不得不尽快恢复城市基建档案工作,以适应城市建设发展的新形势。

为了做好档案事业的发展规划,中国社会科学院规划办公室于1978年3月,在北京召开了档案科学规划座谈会,会上成立的档案学规划小组起草了"档案学八年(1978~1985年)规划的初步设想"(草稿)。这次座谈会和会后拟订的规划,对我国档案事业的恢复和发展起了重要作用。

1979年4月,国家档案局恢复工作,结束了长达10年档案工作无人过问,档案资料任其损毁的历史。

1979年8月18至29日,全国档案工作会议在北京召开,这是国家档案局恢复工作后召开的首次全国会议。会上国家档案局局长张中作了《加速档案工作的恢复与整顿,积极开展档案的利用工作,为社会主义现代化建设服务》的报告。要求各级档案部门在两三年内抓紧"恢复、整顿、总结、提高"。会后,党中央和国务院批转了这次会议的报告(中发[1980]16号),批示强调:"档案工作是一项很重要的专门事业,是实现社会主义现代化建设,开展历史研究,进行各项工作的必要条件"。"做好档案工作,不仅是当前工作的需要,而且是维护党和国家历史真实面貌的重大事业。"

为了贯彻中央、国务院批示的精神,加速档案工作的恢复与整顿,大力加强科技档案工作,1980年7月15日至26日,国家经委、建委、科委和国家档案局(三委一局)在北京召开了全国科学技术档案工作会议。出席会议的有各省、自治区、直辖市经委、建委、档案局和中央有关部门的负责人及档案工作者共计1000多人。国务院副总理万里,中央办公厅副主任曾三等领导在会上讲了话。要求国民经济各部门和科学技术研究机构要尽快恢复和整顿科技档案工作,搞好科技档案的收集、整理、保管和利用,积极为社会主义现代化建设服务。会议总结了自1960年以来科学技术档案工作的基本经验,分析了党的十一届三中全会后,全国科技档案工作恢复整顿的情况,提出:加强对科技档案工作的领导,把这项工作纳入科研管理、生产技术管理、城市建设管理;科技档案必须按专业实行统一管理;努力建设一支坚持社会主义道路的、具有专业技术知识的科技档案干部队伍;逐步采用现代化技术管理档案。会议讨论通过了《科学技术档案工作条例》。会后,国务院批转了"三委一局"《关于全国科学技术档案工作会议的报告》(国发[1980]246号)。同年12月9日国务院以发[1980]302号文批准三委一局联合颁发《科学技术档案工作条例》。

"三委一局"在报告中,从城市建设管理和应付突发事件的战略高度,阐述了城市基建档案工作的重要地位,第一次提出"大中城市要以城市为单位,市人民政府主管城建工作的领导人主持,由市建委或城建、规划部门,成立城市基建档案馆,集中统一管理城市基建档案。"对如何加强科学技术档案管理,报告重申,"科学技术档案必须实行统一管理。中央和地方各级专业主管机关都应当加强对所属单位科学技术档案工作的领导。各级档案业务管理机关应当加强对科学技术档案工作的指导、监督和检查。……各级专业主管机关和各级档案业务管理机关要互相沟通情况,互相配合,互相支持,做好工作。"报告提出的上述原则,成为全国基建档案工作恢复与整顿的指导思想,对20世纪80年代后全国城建档案工作在新的起点上创业和发展产生了深远的影响。

二、全国城建档案工作的恢复整顿

1979年12月,就在全国档案工作会议结束后不久。为加强首都城市基本建设档案工作,国家档案局特向国务院副总理、首都城市建设领导小组组长谷牧,中共北京市委书记林乎加写了《关于城市基本建设档案管理问题的报告》,反映"文化大革命"中城市基本建设档案管理工作中存在的各种问题,要求督促有关部门认真加以解决。谷牧、林乎加和曾三等同志对此都做了批示。国家档案局的报告和国务院领导的批示转发后,在全国范围内拉开了城市基建档案工作恢复整顿的序幕。

1980年12月,为贯彻国发[1980]246号文精神,加快全国基建档案工作的恢

第一节 城建档案工作的恢复整顿

复整顿和筹建基本建设档案馆的步伐,国家基本建设委员会和国家城建总局颁发了《关于加强城市基建档案工作的通知》。《通知》提出三条贯彻意见,一是要求各级建委和城建部门重视基建档案工作,把城市基建档案工作纳入城市建设管理;二是要求大中城市建馆,根据城市的具体情况和实际需要,主动报请上级部门落实机构设置、人员编制、库房建设;三是要研究拟定今后一个时期恢复和整顿工作的计划,并制定各项规章制度等。该通知是国家城市建设主管机关在全国科技档案工作会议后,对基建档案工作的恢复与整顿做出的一次重要部署。

1982年1月,国家基本建设委员会、国家城建总局、国家档案局又一次发出《关于进一步加强城市基本建设档案工作的通知》,更为明确地提出,各市应当在市人民政府主管城市基本建设的市长、副市长主持下,尽快把城市基建档案馆建立起来;城建档案工作由市建委归口领导,城建档案馆的具体隶属可根据各市的实际情况确定;已成立城建档案馆的市,要尽快调配干部,其中应有一定数量的工程技术人员;有条件的城市基建档案馆可以根据城市规划、建设、管理的需要逐步开始接收档案;各级城建、规划部门应加强对本单位及所属单位城建档案工作的领导。

以上两个《通知》充分反映国家建设行政主管部门和档案管理部门对城市建设档案工作的高度重视,对全国基建档案工作的恢复整顿和发展起了有力的指导作用。

自1979年底至1982年,在三年多时间里,各地认真贯彻国务院、国家建设主管部门和档案部门的指示,陆续开展了城市基建档案恢复整顿工作。湖南省于1980年10月召开科技档案工作会议,把开展基建档案工作的恢复整顿列为全省档案工作主要目标。1981年7月省建委和省档案局联合召开座谈会,专题研究基建档案工作,讨论制定了《湖南省城镇基本建设档案管理暂行办法》。至1981年底,恢复整顿工作已初见成效。长沙、株洲、湘潭、衡阳、邵阳等五个省辖市已成立或正在筹建基建档案馆,其他城市也都成立了城建档案室或设专人管理;基建档案的收集、整理工作已普遍开展起来,据以上五市统计,共收集整理档案14331卷(册),底图23105张;利用工作已初步开展起来,仅1981年五市就接待3227人次,查阅档案3412卷,提供图纸17318张。

河北省在全国科技档案工作会议后,省委副书记刘英等六位领导同志对加强城市基建档案工作及时作了指示,并以冀政[1980]58号文,对各市基建档案馆机构设置、人员编制、经费来源等问题提出明确要求。1980年6月,承德市率先成立城市基建档案馆,随后,全省大中城市也先后建馆。1981年保定市就建了2300平方米的新馆。1981年8月召开全省基建档案工作会议,统一认识,总结经验,制定工作目标,为河北省城建档案工作的开展打下基础。

一批大中城市,以恢复整顿为契机,结合本地实际,采取有力措施,迅速改变了基建档案工作不适应国民经济和城市建设发展的滞后局面。如襄樊市从1978年开始,通过"三抓"——抓检查、抓典型、抓重点,达到"四有"——有机构、有人员、有库房、有分管领导,基建档案工作出现新面貌。开封市从调查研究、摸清现状入手,第一步在10个单位进行试点,然后,从建设系统做起,建委、城建局所有直属单位和公用事业单位建立技术档案室;第二步,建委成立城建技术档案科,对城建系统各单位档案室进行业务指导,同时筹备基建档案馆,拟定全市基建档案管理办法;第三步开展基础业务建设,抓全市重点工程档案的集中管理。通过这三步,把基建档案恢复整顿工作引向深入。

全国档案工作的恢复整顿,是"文革"结束后,党中央和国务院针对十年动乱对档案工作造成的干扰和破坏所采取的重大举措。1982年12月,国家档案局在北京召开了全国档案工作会议。会议根据党的十二大精神,分析了自1979年以来档案工作恢复、整顿的情况和存在的问题,总结经验,提出"努力开创档案工作的新局面,为社会主义现代化服务"的奋斗目标和后八年(1983～1990年)档案事业发展规划。这次会议标志全国档案工作恢复、整顿任务顺利完成,也是档案工作进一步开创新局面的开始。全国基建档案工作通过恢复整顿发展迅速,出现了前所未有的崭新局面,主要表现在以下几个方面:

1. 多数大中城市建立了城建档案管理机构。1982年底,全国111个省辖市以上的城市,已建立基建档案馆65个,正在筹建的城市有20个左右,约占76.6%。各市城建系统的企事业单位均建立了科技档案室。基建档案工作已纳入建设管理、生产管理、技术管理,受到各级领导和工程技术人员的广泛重视。

2. 初步建立城市基建档案管理制度。湖南、河北、江苏等省由建设主管部门和档案部门联合颁发《城市基本建设档案管理暂行办法》(或规定);已建馆的城市大多由市政府颁布或批转基建档案"管理办法",其中承德、株洲两市分别于1980年8月和10月由市革委会颁发了《管理条例》(试行)和《管理办法》,成为颁发此类地方性法规最早的城市。1981年和1982年两年内相继有重庆、济南、天津、杭州、成都、西安、石家庄等城市颁发了管理办法。这些地方部门规章的颁发,为基建档案工作"拨乱反正",逐步走向法制化奠定了基础。

3. 清理了"文革"中基建工程的全部积存档案。各市一般都成立了专门的清理小组,采取摸底排队、广泛搜寻、补测补绘的办法,使重要工程档案材料完整、图物相符、立卷归档,并集中统一管理,为基建档案规范化管理奠定基础。

4. 积极开展利用服务。各地城市基建档案馆(室)在对本市重要工程档案集中管理的基础上,普遍制定了分类细则,制作了便于查阅的簿式目录、卡片,有的馆还针对建筑执照、土地划拨档案的特点制作以地形图为基础的索引图,提高了档案的查找速度。基建档案在城市建设和管理中发挥了积极作用。如长沙市在恢复整顿的两年期间,接待查阅者3700多人次,为全市各部门、各单位提供档案6400余卷,晒印地形图33000多张。南京市政府在1981年纪念辛亥革命七十周年之际,决定修复"文革"中被毁坏的孙中山灵堂顶部的国民党党徽图案,市基建档案馆及时提供1929年建陵时形成的全套原始档案,为修复工作赢得了时间,节约了资金,并准确地恢复了该建筑的历史原貌,受到国内外友好人士,特别是孙先生亲属的好评,产生了良好的政治影响。

第二节 城建档案馆的建立与城建档案事业的振兴

一、党和国家各级领导对城市建设档案工作的关心和支持

我国的城建档案工作,从无到有,从一般性的资料工作发展成为一项专门事业,几十年来,无不倾注着党和国家各级领导的关怀和支持。

毛泽东、周恩来等国家领导人,聂荣臻、万里、曾三等同志早在20世纪五六十年代就对城建档案工作作过重要批示。

党的十一届三中全会后,随着工作重心转向经济建设和改革的深入,城市建设进入一个新的发展时期,城建档案工作在新形势下面临发展机遇和挑战。

1982年6月14日,中央顾问委员会委员、国家档案局第一任局长曾三同志致信胡耀邦、邓小平同志,信中写到:"要管好这巨大的现代化城市,只靠几个知情人,不靠档案资料的科学管理工作,是不行的。在战争中,没有城建档案工作的积极服务,是危险的,可能临战只能空着急。"这封信引起中央领导对城建档案工作的关注,胡耀邦同志亲自批示各有关负责人。时任中央办公厅主任胡启立同志随后也做出批示:"城市建设工程档案很重要。没有完整的档案,不但战时,就是和平时期,城市建设改造工作也无法进行。"

1982年11月30日,中共中央书记处研究室以"要重视城市建设档案"为题印发636期《情况简报》。《简报》针对城建档案工作存在的问题,明确指出:"造成城建档案不完整和在城市建设中经常出事故的主要原因有:(一)施工单位不严格执行编制竣工图的制度;(二)城市建设规划管理部门审批检查制度不严;(三)城市没有设置一个集中统一管理城建档案的部门。对此,国家应采取有效措施,用经济手段管理城市,否则,后患无穷。城市建设档案决不是可有可无,可管可不管的小事,是一定要管好的大事。建议有关部门,把城建档案工作重视起来!"

第六个五年计划开始实施后,国家一些重点工程陆续上马,怎样管好重点工程档案,是关系国家骨干工程顺利建设和安全投产的大事。1983年2月,万里同志在视察国家重点项目引滦入津工程时讲到:"希望你们做详细工程记载。什么时候开工,有多少土石方,用的是什么技术,哪一段地质情况怎样,施工进度怎样,施工质量怎样,什么时候收集的资料,都要记录在案,作为国家档案保存起来。现在,我

们有许多城市基本建设的档案工作做得很不够。记入档案,就有卷可查,还可供后人研究。"

中央书记处研究室1983年11月第339期和1984年3月第361期《情况通报》,分别刊登了利用科技档案产生的经济效益和国家重点工程档案工作存在的问题,并提出加强重点工程档案工作的意见。361期通报指出:"工程档案资料管理是工程建设管理工作的一个重要组成部分。它是工程建设及竣工投产,交付使用的必要条件。是对工程进行维护、管理、改造、扩建的依据和凭证,是技术发展和技术交流的重要手段。""一项工程在竣工使用后,没有完整、准确的档案资料是一大隐患,说不定什么时候要出大事故,造成损失和浪费。"当年,人民日报也以"重视重点工程档案"为题发表过评论员文章。

城建档案是科技档案工作中的一个门类,属专业档案的范畴。专业档案如何实行集中管理,并不是所有的人都很清楚。针对这一问题,曾三同志在1985年8月全国档案工作会议上强调:"并不是分类就要由国家档案局分成七八个、十来个档案局,不是这样的。只是要有一个原则,档案局从总的方向管,具体的可由专业部门管。"1986年12月,在中国档案学会二届二次理事会上,曾三同志又一次谈到:"各个门类的档案有各个门类的特点,应按它们形成的规律、特点和提供利用的条件,由专业部门分类保管,不可能都集中到一般档案馆,如集中到一般档案馆来就不便于利用,不便于保管,科技档案等这样做也是全宗原则的一个发展。我们应该帮助这些部门建立起专门的机构来。"曾三同志的讲话,对加快城建档案机构建立,划清综合馆与专业馆接收档案的范围,具有重要的指导意义。

1987年9月5日,《中华人民共和国档案法》经第六届全国人大常委会第22次会议通过,以国家主席令颁布。时任上海市市长的江泽民同志视察了上海市档案局(馆),他在讲话中多次提到城建档案工作,并说"我对档案工作重要性认识的加深,是从市政建设工程中的管道问题开始的。""如果我们现在大量的工程竣工图跟不上或不准确的话,那么将来对我们的子孙后代遗患无穷。我们一定要对子孙后代负责啊!""我有这样一条建议,对于历史欠的旧账,应该采取这么一个措施:必须临时调集一定的力量,把这个工作补做好,建委要下这个决心。""关于城市基础设施竣工图以及地形图的完整,包括煤气管、自来水管这些管道档案的完整,还是应该由建委去领导。但是我认为,档案局应该加以督促。"江泽民同志的这些指示,对城建档案工作的深化改革和健康发展,具有重要的指导意义。

二、城建档案工作座谈会

党的十一届三中全会后,由于改革开放的推动,城市建设出现前所未有的大好局面,而档案工作滞后于建设工作的矛盾日益突出。

借全国科学技术档案工作会议的东风和档案工作恢复整顿的契机,为全面推动城建档案工作的深入开展,1981年至1983年,国家建设主管部门与国家档案局先后在长沙、青岛、开封召开了三次城建档案工作座谈会,讨论城建档案工作的一些基本问题。

1. 长沙会议

1981年12月12日至18日,国家建委、国家城建总局和国家档案局在湖南长沙召开城建档案工作座谈会。这是全国科技档案工作会议后举行的第一次城建档案工作座谈会。参加会议的有北京、上海、天津等20个大中城市,铁道部、交通部、邮电部、电力部、国防部以及湘、鄂、冀、豫4个省有关部门的代表共78人。会议主要讨论了建立城建档案馆的意义、城建档案馆的性质、任务和接收档案的范围;还讨论了《城市基本建设档案管理办法》(草稿)。国家档案局、国家城建总局和国家建委办公厅的负责同志在会上讲了话。

国家档案局副局长李凤楼就城建档案工作的认识问题、集中管理与建馆问题、城建档案馆的性质与基本任务、城建档案馆保管档案的范围、城建档案保密以及档案管理机构与城建档案馆的关系等六个方面内容做报告。他指出:"建立全市的城建档案馆,是我国城市建设发展的需要,是现代城市科学管理的需要,是城建档案管理本身的需要,也是档案工作集中统一管理原则的要求。"在谈到城建档案馆的性质时,报告强调:"从城建档案馆的基本任务看,只说它是科学技术事业单位还不够,因为它除了馆内的业务工作外,对基层单位还有进行业务指导、监督和检查的任务。在当前,从城建档案工作的现状看,不深入基层单位,不具体指导不行,不这样搞,城建档案工作就很难开展起来,以后归档的档案材料也很难符合要求,很难确保城建档案的质量。"对城建档案工作必须实行按专业集中统一管理的问题,报告明确提出:"城建档案馆是专业性档案馆,应当按专业实行统一领导。各级档案业务管理机关主要是在业务上进行指导、监督和检查。确定这么一个工作体制,是为了更好地、更有效地把城建档案工作开展起来,并不是降低了对档案业务管理机关的要求或者减轻档案业务管理机关的责任。相反,在这种新的形势下,对档案业务管理机关提出了更高的要求。各级档案业务管理机关,今后要把城建档案工作和城建档案馆的工作看作是整个档案工作的一个组成部分,积极、主动地协助、配合各级建委、规划部门作好业务指导、监督和检查工作。"

李凤楼副局长的报告,客观、准确地反映了全国科技档案工作会议后城建档案工作的现状,及时地、实事求是地提出发展城建档案事业的原则和措施,给恢复整顿后刚刚兴起的城建档案工作以有力的支持。会议取得了共识:加强城建档案工作是现代化城市建设和管理的一项重要任务,大中城市尽快建立城建档案馆是当务之急。

2. 青岛会议

1982年8月4日至11日,城乡建设环境保护部和国家档案局在青岛召开第二次城建档案工作座谈会,参加会议的有北京、天津、上海和13个省、自治区及20个省辖市城建和档案部门的负责同志共79人。国家档案局和城乡建设环境保护部办公厅的负责同志主持会议并讲话。会议着重研究了城建档案馆的建馆方针和任务,城建档案馆接收档案的范围和城建档案馆自身建设等问题。

会议认为,城建档案馆应当成为全市重要城建档案资料集中保管与检索、咨询服务的中心。要逐步形成以城建档案馆为中心的全市城建档案资料管理网络体系。对城建档案馆的接收范围,会议只提出三条原则:满足当前城市规划、建设、管理和维护工作的需要;满足城市的改造、改建、扩建和发展的需要;满足城市处于战争或遭受自然灾害后,恢复、重建的需要。各城市应根据具体情况而定,不搞"一刀切"。会议还听取了成都市规划局、档案局负责同志关于地下隐蔽工程预交竣工图保证金的汇报。

会议还总结了长沙会后的工作经验,并讨论修改了"城市建设档案馆暂行通则(征求意见稿)"。

3. 开封会议

1983年11月21日至27日,城乡建设环境保护部办公厅在河南开封市召开第三次城建档案工作座谈会,国家档案局科技处的负责同志出席会议,参加会议的有北京、天津、上海、广州、昆明等25个省、市城建档案馆的负责同志共40人。会议主要讨论修改"城市建设档案管理条例(征求意见稿)"和"城市建设档案分类大纲(草案)"。

会议对以下几个问题统一了认识:(1)全国城建档案工作由城乡建设环境保护部统一归口管理,各城市的城建档案工作由城市建设主管机关负责领导,接受档案业务管理机关的检查、监督和指导;(2)各城市应建立以城建档案馆为中心,城建系统各单位档案室为基础的城建档案工作网络,实行集中统一、分级管理;(3)城市建设档案应包括城市基础材料、城市规划、市政公用设施、交通运输设施、工业建筑、民用建筑、园林绿化、水利、人防、环境保护、村镇建设和城市建设科研等12个方面的内容。各地应根据实际情况制定具体接收范围,报市人民政府批准;(4)竣工图由施工单位编制,建设单位按规定及时向城建档案馆报送,不编报竣工图的单位,建设行政主管部门可采取必要的经济、行政制约措施。

长沙、青岛、开封三次座谈会,是在城建档案工作处于重建、改革的关键时期召开的重要会议。会议统一了对城建档案工作地位、作用的认识,加快了各地筹建城建档案馆的步伐;对城建档案馆的性质、任务和档案接收范围等基本问题取得共识,为制定我国第一部城建档案管理规章奠定了基础;对如何实现城建档案集中统一管理,保证重要工程档案的接收,在思路上有重大突破,第一次提出用经济制约手段管理工程档案。可以说,三个座谈会在我国城建档案事业的发展史上起了至关重要的作用,产生过重大影响,意义深远。

三、城建档案管理机构的普遍建立

我国的城建档案工作机构包括两种类型：一是各级建设主管部门为履行对本行业和所属单位城建档案工作的管理职能而建立的行政管理型机构，建设部、各省、自治区、直辖市城建档案管理办公室或省级城建档案馆，以及各市城建档案馆增设的管理处（科），即属此类。在这类机构中，有的也同时负责机关档案的收集与保管；另一类是面对城市建设活动产生的城建档案而建立的保管型机构，城建档案馆（室）即属此类。

20世纪80年代初，城建档案保管机构的创建，是从贯彻《科学技术档案工作条例》开始的。当时的机构名称并不叫"城市建设档案馆"，在一段时期内称之为"城市基本建设档案馆"。直到1982年青岛会议讨论"城市建设档案馆暂行通则（草稿）"，才第一次将"城市基本建设档案"改为"城市建设档案"。1983年开封会议时，代表们认为"城市基本建设档案"这一概念不能全面反映城市建设活动所包含的城市规划、建设、管理和科研等内容，一致提出机构名称改为"城市建设档案馆"更为合适。1984年后，各地陆续将馆更名为"××市城市建设档案馆"。机构名称的变化，反映了人们对城建档案内涵的认识在不断深化，也意味着城建档案的范围和为城市建设服务的功能进一步拓宽。

随着城建档案恢复整顿工作的深入，各地加快了城建档案馆的筹建步伐。先后有河北省的张家口、承德、石家庄、邯郸、保定、邢台，以及南京、长沙、沈阳、无锡、阜新、抚顺等城市建馆。

1981年在长沙会议的推动下，各地建馆进度明显加快，北京、天津、昆明、济南、武汉、合肥、杭州、成都、西安、西宁等直辖市、省会城市，青岛、本溪、开封、大连、襄樊、喀什、衡阳、苏州、通化、佳木斯、包头、大同、秦皇岛、温州、株洲、延安、攀枝花等一批大中城市当年建馆。

1982年，各地建馆的势头未减，又有广州、郑州、长春、福州、宝鸡、唐山、徐州、马鞍山、宜昌、湛江等一批大中城市建馆。据统计，至1990年底，全国467个设市城市，178个大中城市全部建馆，加上小城市，建馆总数已达332个，建馆率为71.1%。另外还有787个县、区建立了城建档案室。

在筹建城建档案管理机构时，小城市（含建制县）要不要建馆是一个颇有争议的问题。1980年颁布的《科学技术档案工作条例》，明确规定大中城市要建立城市基本建设档案馆，对小城市建馆没有明确要求，但这并不意味着小城市绝对不能建馆。

在我国，城市规模和级别，主要由城镇常住非农业人口和国民生产总值两个基本因素确定。非农业人口在20万以下为小城市，20~50万为中等城市，这只是一个粗放的划分标准。实际上，国务院对设市的标准，还考虑其他一些因素，如1986

年 4 月,经国务院批准的设市标准,对少数民族地区和边远地区的城镇、重要工矿科研基地、著名风景名胜区、交通枢纽、边境口岸及地区行政公署、县人民政府所在镇的设市,都有比较灵活的规定。云南畹町镇当时非农人口只有三千,在调整后也成了小城市,而四川省的内江,江西省的赣州,江苏省的淮阴、盐城,辽宁省的海城,山东省的东营等一些人口都超过 19 万但不足 20 万的也被划为小城市。因此,城建档案机构的设置,不能完全以城市大小作为依据,采取"一刀切",而是要以城镇非农业人口作为基本条件,同时考虑国民经济状况、城市建设规模和近期发展趋势,最终要由地方政府决定。实践证明,那种硬是不让小城市建馆的做法是行不通的。江苏省 1986 年仍列为小城市的淮阴、盐城、泰州早在 1982~1984 年已先后建馆,常熟、丹阳、邳州、张家港、宜兴、无锡县、启东、海安、赣榆、兴化等县(市)也相继建馆,至 1991 年底,全省 64 个县(市)中已有 19 个建馆。全国其他省、自治区的一部分小城市建馆的呼声也很高,至 1990 年底,全国已有 154 个小城市(含县)建馆,建馆率高达 53.3%。

20 世纪 90 年代初,一些小城市正在积极筹建城建档案馆(室)时,曾发生以下两件事:1993 年 5 月,苏州市吴县人民政府把县城建档案室划入县档案馆;几乎在同一时间,新疆维吾尔自治区伊犁哈萨克自治州,在机构改革中把昌吉、库尔勒(均为县级市)城建档案馆并入市档案馆。江苏、新疆出现的县(市)城建档案机构隶属关系的变化,引起了两省(自治区)建设主管部门的密切关注,他们及时向建设部报告。建设部办公厅在给江苏省建委的复函中指出:"城建档案工作是城市建设事业不可分割的组成部分,城建档案资料是直接为城市的规划和建设服务的,各级城建档案馆(室)必须置于建设主管部门的领导之下。……城建档案馆(室)如若脱离建设部门的领导,就不利于工作的正常开展,还将带来管理体制上的混乱。"新疆维吾尔自治区建设厅转发了建设部办公厅给江苏省建委的复函,重申在机构改革中,城建档案管理机构的设置必须贯彻"按专业实行统一管理的原则。"由于国家和有关省(自治区)建设主管部门的及时制止,避免了在城建档案管理体制上可能出现的混乱。

四、城建档案法规建设

城建档案法规是国家为管理城市建设档案事业而制定的具有强制和约束力的法律规章。按照现行立法权限,可分为五个层次:法律、行政法规、部门规章、地方法规和地方规章(又称政府规章)。

我国的城建档案法规建设始于 20 世纪 60 年代初,1961 年 1 月由国务院批转试行的《关于加强管理城市基本建设档案的意见》是第一部高层次的行政法规。之后,建筑工程部、部分省市人民委员会在"文革"前曾制定过一些部门规章和地方规章。

第二节 城建档案馆的建立与城建档案事业的振兴

20世纪80年代后,为适应改革开放和经济建设的新形势,各行各业的立法工作都加强了。国务院批准颁布《科学技术档案工作条例》后,国家建设主管部门和档案行政管理部门即着手拟定全国城建档案管理规定及相关文件。各地也结合本地区城建档案管理实际,从基本规章制度入手,开始了法规建设的实践与探索。

城乡建设环境保护部和国家档案局共同制定全国城建档案管理规定,历经七年,六易其稿。1980年全国科技档案工作会议后,城乡建设环境保护部办公厅就开始了这方面的调研,在之后召开的三次城建档案工作座谈会上,都把讨论和修订"管理规定"列为重点。1983年后,城乡建设环境保护部和国家档案局还曾向国务院法制办建议将"规定"升格为"条例",但未被采纳。遂于1986年9月向第一次全国城建档案工作会议提交了"城乡建设档案管理规定"征求意见稿。经会议讨论修改后,又于1987年3月在江苏省南通市召集部分省市城建档案馆负责人再次讨论定稿。最终于1987年11月8日,由城乡建设环境保护部和国家档案局联合颁发实施。

《城市建设档案管理暂行规定》的颁布,对发展城建档案事业,规范城建档案工作,建立和完善城建档案的法规体系,具有重要意义。

地方规章的制定,是从城建档案恢复整顿工作开始的。20世纪80年代初只有湖南、河北、江苏、天津和承德、杭州、西安、石家庄、重庆等少数几个省市颁发规章,到80年代中后期,各地普遍筹建城建档案管理机构,积极开展档案的收集、整理和利用,迫切需要当地政府和上级主管部门在政策上予以支持,规章制度建设成为各市建馆后要抓的第一件大事。吉林、辽宁、湖北、陕西、云南等省和北京、广州、福州、宁波、厦门等城市相继发布了本地区的管理规章。其中北京市政府1983年6月颁发的《城市建设档案管理规定》对城建档案的定义比较准确,内容全面具体,条款清晰明确。特别是在"竣工图的编制与报送"一章内,专门写了两条:一条是对地下管线工程和隐蔽工程实行预收保证金制度;另一条是违反规定造成事故损失者,要承担相应的责任。这对各地城建档案的法规建设产生了积极的影响。各地在颁发或修订"管理规定"时都增加了相应的行政和经济处罚内容,使地方规章增加了强制执行的力度。据统计,到1986年上半年,全国已有131个城市以市政府名义颁发了"城建档案管理规定(办法)",比率达40.4%。

《档案法》由第六届全国人大常委会二十二次会议通过,于1987年9月5日公布。自此,档案工作有了第一部国家大法,为以法治档提供了法律依据。《档案法》的公布和相继颁布的《城市建设档案管理暂行现定》,极大地推动了城建档案地方法规建设。1989年12月,国家又颁布了《城市规划法》,该法的有关条款,从管理城市的全局出发,对各项建设工程档案资料的报送做了法律规定,一些省市还就贯彻《城市规划法》制定了本地区的实施办法。由于这一系列法律和法规的颁布,加快了各地城建档案的法规建设进程,到1993年底,已有90%以上的省市以政府名义颁发了城建档案管理规定。

自1980年国务院颁布《科学技术档案工作条例》到90年代初,是我国城建档案法规建设的起始阶段,这一阶段法规建设具有以下三方面特征:

1. 各地相继出台的规章多由省市政府颁布或批转,也有一部分是由建设主管部门会同档案部门或计委、财政等部门联合颁发。这个时期尚未产生经省市人大批准的地方立法。是城建档案法规建设的起步和探索。

2. 规章内容侧重于管理体制、机构职能、档案接收范围和竣工图编报等亟待解决的共性问题,相互参照较多,地方特色较少。

3. 已涉及对违规行为的查处,提出必须承担责任和采用经济制约措施,但惩处办法不明确,可操作性差,力度不够。

五、第一次全国城建档案工作会议的召开

"六五"期间,中央进一步强调发挥城市的中心作用,使城市经济、城市建设有了很大的发展,伴随突飞猛进的城市建设,城建档案工作得到长足发展;管理机构普遍成立;规章制度初步建立;馆库建设、馆藏建设、档案利用都取得可喜进展。各地在开展城建档案工作的实践中积累的经验需要交流总结,以促进城建档案事业更大的发展。

1984年6月,国家档案局在北京召开各省、自治区、直辖市档案局负责人座谈会,探讨档案工作的改革、发展,讨论、修改《中华人民共和国档案法》草案第十五稿,《档案法》的制定和颁布已提到国家立法议程。在城市建设迅速发展、档案工作深化改革的背景下,第一次全国城建档案工作会议于1986年9月1日在呼和浩特市召开。28个省、自治区、直辖市城乡建设主管部门的领导和97个城建档案馆(室)的负责人及国家档案局,省、市、自治区档案局的领导和有关部门共205人出席了这次会议。

与会代表听取了城乡建设环境保护部副部长廉仲同志题为"进一步开创全国城市城建档案事业的新局面"的工作报告,讨论城乡建设档案工作"七五"计划,修改几个规定,交流工作经验。会议还印发了国务院副总理万里1980年8月在全国科技档案工作会议上的讲话,1982年6月曾三同志给中央领导的一封信及胡耀邦、胡启立对此信的批示,原建设部部长李锡铭在北京市城建档案工作会议上的讲话(摘要)及1982年中共中央书记处研究室636期《情况简报》等材料。会议充满改革创新精神,是一次鼓舞人心、振奋精神的会议。

廉仲副部长在报告中总结了《科学技术档案工作条例》颁布以来,各地开展城建档案工作的基本情况。他指出,1981年全国110个大中城市,建馆总数为49个,占总数的44%。至1986年,中等以上城市增至146个,建馆的已有112个,占总数77%。全国已有20个小城市也建立了城建档案馆。以大中城市城建档案馆为主体的城建档案管理体系正在逐步形成;城建档案工作的法制建设开始起步,城乡建设环境保护部颁发了城建档案分类大纲,全国已有131个城市以市政府名义颁发了《城建档案管理暂行规定》;积极开展城建档案的接收和征集工作;人员素质有所提高,初步形成了一支城建档案专业队伍;城建档案为城市建设服务,产生了显著的社会效益和经济效益。

会议报告确定了"七五"期间城建档案工作的四项目标:全国大中城市要全部建立城建档案馆,配置必要的设备,实现科学管理;小城市要有三分之二建馆;经济发达地区的县镇也要建馆;初步形成为城市规划、建设、管理全面提供档案信息的城建档案管理体系。为实现这些目标,提出七条措施。其中在讲到管理体制改革时强调:"鉴于城建档案馆是面向整个城市的,是为城市的规划、建设、管理服务的,综合性较强,以隶属当地建设(规划)主管部门归口管理为宜,把它下放到规划设计单位来管,不利于事业的发展。"故日后形成各地建委或规划局主管城建档案工作的模式。

这次会议提出的《城乡建设档案工作"七五"计划》分为发展城建档案事业的设想、主要任务和实施措施三个部分。"七五"期间的主要任务包括完善城建档案管理体系;城建档案立法;城建档案馆工作;基层档案室工作;城建档案专业培训;城建档案理论与技术的研究等六个方面的内容。其中在档案馆建设中明确提出,为适应城乡建设的需要,应进一步丰富馆藏和完善门类结构;开展历史档案征集和地下管网的补测补绘工作;制定和完善各类业务细则、标准和工作程序,逐步实现标准化、规范化管理。还提出"七五"期间理论研究的参考课题,为城建档案的理论建设作铺垫。

会议讨论和修改了"城市建设档案管理规定"、"城乡建设档案保管期限暂行规定(草案)"、"城乡建设档案密级划分暂行规定(草案)"等三个待颁规章。

会上,有14位代表作典型发言,还有书面交流材料70余份。涉及内容广泛,反映各地开展城建档案工作的丰富实践和大好形势。

第一次全国城建档案工作会议,是我国城建档案工作史上具有里程碑意义的重要会议,对城建档案事业的全面发展具有深远的影响。

六、竣工档案保证金制度的实施

建设工程竣工图,是真实记录各种地上地下建筑物、构筑物施工情况的技术文件,是工程验收的必备条件,也是日后维护、改扩建和保证工程周边地区安全施工的重要依据。因此,国家建设主管部门历来十分重视竣工图的编制。早在1960年哈尔滨会议期间,就专门讨论过竣工图的编制问题。1961年5月,建筑工程部对竣工图编制方法及建设、设计、施工单位在竣工图编制中各自应承担的责任和竣工图归档的份数,曾发布过《关于基本建设档案中竣工图编制问题的暂行规定》。时隔20年,竣工图的编制工作仍然问题很多,特别是地下隐蔽工程,由于没有竣工图或忽视使用竣工图,建设事故屡屡发生。针对这一情况,成都市于1981年率先在《关于加强城市规划管理的暂行规定》中要求:"建设单位埋设的地下管线,或其他隐蔽工程竣工后,必须在一个月之内,将竣工图一式二份报市规划局备查,……这类工程在领取施工执照时,应按工程造价的百分之一至五交纳保证金,待竣工图报送,清理好现场,按本规定第四条组织验收后,如数退还。否则,即以保证金移作补测和清理费用。"

成都市大胆探索采用经济制约措施,以扭转竣工图编制工作中长期存在的顽疾,引起档案界和建设部门的广泛关注。1982年8月在青岛召开的城建档案工作座谈会上,成都市规划局和档案局介绍了实行保证金制度的经验。

1982年10月,保定市建委、建设银行保定市支行联合颁发《关于编制基本建设竣工图及报送竣工技术档案的通知》。《通知》规定:"凡因不按规定报送竣工技术档案未验收的工程,建设单位扣留该工程造价5%的尾款,在银行专户存储,同时限期编制出竣工技术档案办理竣工验收,经办行收见竣工档案移交清单后,再予以拨付。"保定市的做法,是用经济手段管理城建档案的又一种模式。

1982年11月,中共中央书记处研究室在636期《情况简报》中指出,对不严格执行编制竣工图的,"国家应采取有效措施,用经济手段管理城市。"这是从指导思想上对保证金制度的认可。

1982年12月,北京市召开城建档案工作会议。时任建设部部长李锡铭对这一制度给予充分肯定,他说:"我同我们部规划局的同志研究,规划局同志认为这不能叫乱收费,因为一分钱没有取,就是留下一部分钱督促做好竣工图。问了一些其他城市,他们也觉得有道理,应该这样做。我们想推广这个办法,这是制乱的临时措施,真正把过去这些年造成的混乱局面扭转过来,没有点措施不行,我赞成这个办法,这也是当地政府发的文。"国家档案局副局长李凤楼在会上也说:"今年在青岛召开的城建档案工作座谈会上,四川成都介绍了他们的经验,就是预扣建设费用的百分之一至五,工程任务完成之后交竣工图,再如数退还,这实际上是监督他们做好竣工图。"

1983年后,一些省、市通过建委、计委(或物价局)、档案局、建设银行联合发文,对保证金的收取标准、管理使用与竣工图报送后的退还等作了明文规定。1983年10月,吉林省城乡建设环境保护厅、档案局、建设银行吉林省分行三单位颁发《关于对列入基本建设计划的工程实行交付竣工图保证金的通知》。同年12月,北京市政府批转《市城乡建设委员会、市档案局关于城市建设工程交纳竣工档案保证金的请示》。此后,沈阳、长春、襄樊、无锡等一些大中城市也先后实行这一制度。

1985年5月,河北省发出通知,在全省范围内实行交付竣工档案资料保证金制度。同年7月,城乡建设环境保护部转发了河北省的通知,要求"各地结合本地情况,采取有效措施,认真做好城市建设中设计、施工方面的技术文件材料的积累工作,在工程竣工时,整理和移交完整、准确的档案资料(包括竣工图),以提高城市的管理水平和社会经济效益。"国家建设主管部门的这个通知,再次从管理城市和发挥城建档案的社会、经济效益的高度,肯定了实行竣工图保证金制度的必要性和重要性。

从1985年起至90年代初,浙江、新疆、湖南、河南、广东、福建、天津等省、自治区、直辖市先后发出通知,开始实行保证金制度。到1992年,全国绝大多数城市普遍采用这一经济制约措施,以保证建设工程竣工档案的接收。其中福建、云南两省用地方立法的形式,省人大常委会审议通过《规划法实施条例》中规定:"在核发建设工程规划许可证之前,建设单位和个人必须向城市建设档案馆(室)交纳竣工资料保证金。"

由于各地普遍实行建设工程竣工档案保证金制度,使长期存在的施工单位不重视绘制竣工图、建设单位忽视技术文件材料积累和对竣工图编制督促不力的现象迅速得到扭转,极大地促进了城建档案的接收,提高了竣工档案的质量。

上海市是全国最后一家于1993年3月才开始实行保证金制度的。早在1986年、1987年,该市曾两次对城建档案的接收作过规定,也采用过直接从建设单位账户扣留编制竣工图费用和罚款等办法,但收效甚微。在万般无奈的情况下,不得不采取这项措施。1993年3月至1995年仅一年半的时间,归档率就从原来的3%上升到90%。衡阳市1982年建馆,当时馆藏仅603卷,经过艰苦努力,到1985年底,馆藏增至3550卷,平均年增长842卷。1986年实行保证金制度后,到1993年馆藏已增至27950卷,平均年增长3148.4卷,是过去的3.74倍。

从20世纪80年代中期开始,各地城建档案馆馆藏迅速增加,其原因是多方面的,但不能否认,除法律、行政手段外,保证金制度这一经济制约措施起了重要作用,这是以经济手段管理城建档案的尝试。

"八五"期间,随着城市建设步伐的加快,新建、扩建项目猛增,各地城建档案馆对保证金的管理也出现了新情况,如工程周期长增加了保证金滞留时间;部分工程竣工后,因不能及时报送竣工档案而延迟了保证金的退还;有的城市不规定保证金上限,预收比率偏大;有的城建档案馆没有严格按照"专户存储,不得挪做它用"的原则管理保证金;还有的馆把保证金利息用于和城建档案工作无关的事情上,造成不良影响。因此,规范保证金预付标准,严格管理和监督保证金的使用,成为当时必须解决的全局性问题。1990年8月,湖北省建设厅最先发出《关于进一步加强城市建设竣工档案保证金管理的通知》,建设部办公厅随即转发,四川、安徽等省及时采取加强保证金管理的措施。1994年9月,建设部又下发《关于加强档案资料保证金管理的通知》,要求"保证金的金额,一般按工程概算总投资的1%~3%收取,各地应根据实际情况制定切实可行的标准。工程档案保证金由各市城建档案馆(室)专户存储,不得挪作它用。工程档案保证金交押期间的利息只能用于发展城建档案事业,要严格执行财务制度,自觉接受财政部门的监督。"各地及时转发,并提出贯彻意见。至此,保证金制度实行过程中出现的偏差得到较快纠正,得到建设单位的普遍理解和认可。

七、大中城市普遍开展地下管线的普查建档工作

基础设施是城市物质生产、人民生活必需的公共设施。通常包括能源、水资源、给排水、交通、邮电、环境、防灾等六大系统,其中一部分设施以管线、管沟的形式埋入地下。由于这些设施是城市赖以生存和发展的基础,又被称之谓城市的血管、神经和生命线。

城市现代化程度越高,地下工程设施则越多,这是城市景观优化、施工技术发展、人类生存空间趋向多元化的必然结果。20世纪90年代后,我国许多大中城市已逐步将供电、电话、热力等电缆和管道转入地下,再加上人防、地铁、地下街区、地下商业区等地下工程不断增多,使得地下管线和工程设施变得越来越密集,构成了一个庞大的地下隐蔽建设系统。像上海这样的国际化大都市,早些年每平方公里就有11公里管线,一些干道下的管线,已经密集到分米甚至厘米必争的地步。由于管线过密,施工中就成为最易遭受损坏的对象。1990年《报刊文摘》第552期,以"救救城建档案"为题,报导了上海市工程建设中因"无档可查或有档不查",地下管线屡遭挖断所造成的重大经济损失的事例。1995年4月《香港联合报》也发表题为《上海城建档案残缺,市政建设受阻》的文章。上海地下管线频繁发生损坏事故,引起了上海市委、市政府的高度重视。北京市的情况也大致如此,1979年至1981年上半年共发生地下管线事故186起,平均4天一起。

地下管线具有隐蔽性特点,完整、准确的管线档案格外重要。早在1980年全国科技档案工作会议上,万里同志就提出:"我在北京常说,所有的管线档案,无论如何要搞几份,……这样将来一旦有事,可以马上查找,节省很多人力、物力。"国家档案局李凤楼副局长在长沙、青岛两次会议上再三强调地下管线的建档工作,把地下隐蔽工程特别是管网档案列为城建档案的重点,要求有关部门,必须将竣工档案交城建档案馆一套。保证金制度首先也是针对地下管线和其他隐蔽工程档案报送工作提出来的。

地下管网档案是城建档案最为重要、亟待加强的部分;地下管网档案是否齐全、准确和系统,不仅是城建档案馆馆藏结构合理的标志,更是城市建设科学管理和城建档案管理水平的体现。为了建立起准确、完整的地下管线档案,适应城市发展和管理的需要,从20世纪70年代末开始,一些大中城市就陆续展开管线普查测绘工作。

北京市是全国开展地下管网普查补测工作最早的城市，早在1965年就组织过第一次地下管线普查补测的会战，400多人历时8个多月，测量管线总长1294公里。1975年10月又组织第二次会战，13个单位共投入200多人，历时一年补测地下管线916公里。两次普查虽取得一定成绩，但并未扭转地下管线管理的被动局面，"旧账没还清又欠新账"，新建地下工程还得补测。所以，1983~1985年北京又下决心开展规模更大的第三次普查，投入人力400多人，完成2000多公里管线的建档工作。经过三次普查补测，基本上查清了1986年以前全市地下管线状况。为巩固普查成果，从源头上解决地下管网的建档工作，1988年编印了《北京市编制城市地下管线工程竣工文件材料的具体要求和做法》。1992年底，首都规划建设委员会办公室、北京市城乡建设委员会、北京市市政管理委员会联合批复"北京市地下管线现状资料综合工作实行联合办公细则"。这些措施对完善和加强地下工程设施综合管理起了很大作用。北京市城建档案馆专门成立管网室，对地下管网实行动态管理，适时完成新建管线的数据采集、图上标绘，及时而快捷地为建设单位和管理部门提供新建工程相关现状资料和图纸，有效地防止了管线事故的发生。

昆明市于1983年4月，在城建档案馆筹建阶段，就把地下管网建档列为工作重点。召开"城市综合管网普查工作会议"，详细部署普查工作，还提出统一控制系统、统一比例尺、统一图幅、统一专业图式标准和统一施测精度的"五统一"要求。成立由市城建档案馆、市规划处、各专业管线主管单位、各厅局分管领导组成的"昆明市城市综合管网普查工作协调组"，负责统一进度，解决普查测绘中出现的问题，并制定"关于申报综合管网普查成果档案的几项规定"。

昆明市地下管线普查测绘形成管线图3500多幅、管线档案2700多卷，这些成果全部向城建档案馆移交，在日后的城市建设和管理中产生了巨大的社会效益和经济效益。如1990年5月，昆明市城建档案馆为昆明五水厂输配水工程提供所需档案，节约经费547万元。1992年为配合艺术节工程，在一个星期内为8条道路的新建、拓宽、改造提供了管线的准确位置，保证了工程的如期完成。

济南市于1987年3月至1990年5月，历时3年进行大规模的管线普查建档。此项工作被市政府列入1990年必办的十件实事，得到全社会的支持。有800多个单位、3500多名工程技术人员参加普查，对建成区103平方公里范围内的地下管线甚至包括各单位院内管线进行了全面普查，采集各种数据200多万个，绘制各种专业地下管线图和综合管网图7000余幅。1991年10月，经建设部办公厅和国家测绘研究所等单位组成的专家组鉴定，认为此次普查测绘成果，从范围、测绘技术、成图精度等方面均居全国领先水平。

为了巩固普查成果，济南市城建档案馆运用研发地理信息技术（GIS）软件，对地下管网实行动态管理，使管线普查成果在城市规划、建设和管理中发挥了重要作用。1992年5月,由市长签发的《济南市地下管线工程档案管理办法》是全国第一个由市政府颁布的城市地下管线档案管理规章,对山东省和全国各地的管线普查建档工作起了示范作用。1995年8月在济南召开的全国城市市政设施普查与建档工作经验交流会上,建设部李振东副部长号召学习济南市开展地下管线普查建档的经验,把全国城市地下管线普查建档工作推向深入,把城市建设的科学管理提高到一个新水平。

20世纪80年代开展地下管线普查建档工作的还有厦门、苏州、徐州、镇江、本溪、马鞍山等一批大中城市,进入90年代,全国已有更多的城市,如天津、宁波、衡阳、泰安、合肥、楚雄、杭州、吉林、广州、沙市、福州相继开展了地下管线普查建档工作。到1995年8月召开"全国城市市政设施与建档工作经验交流会"时,除部分城市已经完成地下管线普查建档任务外,全国大致有三分之二的城市正在或即将进行地下管线的普查工作。

为进一步规范城市管线的管理工作,1997年8月,建设部颁发了《城市管线工程档案管理办法》。对管线工程竣工档案资料的内容、竣工测量的标准、竣工图报送的时间做了明确规定;要求建设单位在施工前,"必须到城建档案馆查清该施工地段的地下管线情况,然后到有关部门办理工程审批手续";"管线的改造、废弃,以及重要部位的维修,建设单位和施工单位应据实修改原竣工图,并于竣工后3个月内向城建档案馆报送修改部分的竣工档案"。并要求城建档案馆"依据接收进馆的管线工程档案和各专业管线管理部门的专业管线图,及时修改全市管线综合图,对管线档案逐步实行动态管理"。

《城市管线工程档案管理办法》是国家建设主管部门颁发的第一个关于城市地下管线的管理规章,它对加强地下设施的科学管理,预防在施工中可能造成的地下管线损坏事故,合理进行地下空间的规划布局,确保城市建设各项工作有序进行,具有十分重要的意义。

八、城建档案信息研究会的成立和城建档案学术研究活动的初步开展

1990年12月10日,中国城科会城建档案信息研究会成立大会在西安市召开,它标志着全国城建档案学术团体的正式诞生。中国城科会城建档案信息研究会的成立,是城建档案工作不断发展的需要,也是城建档案学术研究深入开展的必然结果,是广大城建档案工作者多年的夙愿。

早在1984年,城乡建设环境保护部办公厅为加强城建档案行业管理,便于组织经验交流、沟通业务信息、开展学术研究,在全国按地域划分了四个城建档案协作区。每个协作区基本上坚持2~3年举办一次活动,除交流工作外,主要还是开展学术研讨。在研究会成立前,各协作区多次召开年会。如1989年8月,第二协作区在乌鲁木齐召开第三次会议时,特邀了北京、上海、芜湖等6城市城建档案馆负责人参加,与会代表交流了学习与贯彻《档案法》的情况,探讨了管理体制、接收范围等城建档案工作中的一些主要问题,还听取了北京、芜湖两馆的工作经验介绍,会上业务交流和学术研究的气氛很浓。

1988年11月部分计划单列市在厦门召开"全国计划单列市城建档案工作协作网"筹备会。经过两年的筹备,1990年12月,全国计划单列市城建档案工作协作组在武汉召开第一次会议,还创办了内部刊物《城建档案通讯》。

20世纪80年代中后期,部分省市先后成立了城建档案学术组织,如江苏省于1986年11月成立建设档案学会;湖北省1987年3月成立城建档案研究会;黑龙江省1988年成立城建档案协会;山东省1989年11月成立城建档案学会等,上述协作区(组)和部分省市城建档案学会(协会)的成立为全国城建档案学术组织的建立奠定了基础。

城建档案工作是一项新兴事业,有许多理论和实际问题需要研究和探索,中国档案学会于1986年就曾建议成立全国性城建档案学术组织。因此,城建档案信息研究会的成立已是水到渠成,势在必行。

1989年8月,建设部办公厅档案处及4个协作区的代表共同组成筹备组,正式启动了全国城建档案学会的筹备工作。

从1989年8月至1990年10月,学会筹备组先后在太原、北京和威海召开会议。讨论和拟订《城建档案信息研究会简则》;研究理事会组成原则和名额分配,在广泛征求意见后,确定了研究会第一届委员会委员、顾问候选人(单位)推荐名单;选定第一届学术讨论会论文参考题目;草拟研究会工作报告、工作计划,审议会员资格和会费管理办法等提交成立大会讨论的各种文件。

在研究会筹备过程中,对学术组织的名称,曾有过两种不同意见。一些同志建议成立一级学会,多数同志则认为,目前成立一级学会的条件尚不具备,特别是城建档案作为一门新兴学科,理论基础薄弱,学科体系尚未建立,"研究会"这样的二级学术组织,更能反映城建档案工作的发展阶段和发展水平,也能给城建档案学术组织以恰当定位。在中国城市科学研究会的支持和指导下,1990年2月经城科会二届一次常务理事会讨论,正式批准成立"城建档案信息研究会",作为中国城科会所属的二级学术组织。1998年按照民政部关于社团名称的规定更名为"中国城市科学研究会城建档案信息专业委员会"。

经过一年多的筹备,中国城市科学研究会城建档案信息研究会成立大会于1990年12月在西安召开,参加这次会议的有22个省级城建档案机构,74个城建档案馆的代表共122人。建设部办公厅、陕西省政府、省建设厅、西安市政府的领导到会并讲话,建设部副部长周干峙给大会写了贺信,中国城科会、中国人民大学档案学院等单位向大会致贺信、贺词。

成立大会第一阶段审议并通过"筹备工作报告"、"研究会简则"、"会费管理办法"及"1991年工作计划",选举产生由82人组成的城建档案信息研究会第一届委员会和由14人组成的常务委员会,聘请建设部城建司、村镇建设司、国家档案局、中国人民大学档案学院等部门和单位的有关领导为顾问。研究会下设一个办公室和6个学组:宣传组、档案管理组、法规建设组、现代化管理组、理论研究组、声像档案组。大会第二阶段进行学术交流,有9位代表在会上宣读了论文,另外还有22篇论文做书面交流。这些论文题材广泛,论述有一定的深度,基本反映了城建档案工作开展10年来的学术研究状况,是对全国城建档案学术研究的一次总结和展示。

建设部办公厅副主任刘锡庆在研究会成立大会的讲话中指出:"由于城建档案工作起步较晚,实践经验不丰富,长期以来一直沿用文书档案和科技档案的一般工作方法,城建档案学科理论的研究远远落后于我国档案学理论的整体水平。在城建档案工作发展过程中,有许多新问题、新情况、新要求需要我们去研究解决,有许多新发现、新创造、新经验需要我们去总结交流,在这样的情况下,以前那种自发的、松散的研究方式和组织形式已经不能适应城建档案工作发展的需要,亟需在全国范围内对城建档案学科理论的研究活动加以组织和协调,为城建档案事业的健康发展奠定雄厚的理论基础"。

城建档案信息研究会的成立,为有计划、有重点地开展学术研究提供了组织保证。

城建档案的学术研究从无到有,从解决一般实际问题,到城建档案学科中的基础概念和带根本性问题的研究,并取得一定成果,经历了一个不断发展的过程。20世纪80年代初,各地成立城建档案工作机构后,为了解决工作中遇到的新问题,不少同志已经开始了这方面的探索。但多数以总结经验为主,很少上升到理论的高度。1985年1月,城乡建设环境保护部档案处编印的《城市建设档案工作经验选编》(1980~1984.9),其中各省市的文章有125篇,属于论述与研讨方面的文章还不到10篇。随着城建档案工作实践的发展,学术研究也取得了新的进展,到研究会成立前,已出版的专著和内部资料有《城乡建设档案专业基础知识》、《城建档案管理概要》(北京)、《城建档案的形成与管理》(陕西)、《工程档案概论》(辽宁)等;还出现了《城建档案通讯》、《安徽城建档案》等内部发行刊物。这个时期的论文已经涉及城建档案的概念与定义、城建档案的范围及进馆范围、城建档案的特点和在城市建设中的作用、竣工档案保证金的性质与作用等基础理论以及竣工图编制、现代化管理、城建档案的分类与文件材料整理、城建档案的收集、档案保护等一些应用理论和技术方面的问题。80年代末城建档案学术研究成果的数量质量,比起城建档案工作初创时期有了很大进步,但尚处于初始阶段,理论研究仍然滞后,城建档案工作缺乏理论指导,仍带有某些盲目性。因此,成立全国学术组织,加强城建档案学术研究是实践发展的需要,更是城建档案事业健康持续发展的需要。

第三节 加快发展,努力建设有中国特色的城建档案工作

一、第二次全国城建档案工作会议的召开

1992年初,邓小平同志南巡讲话提出加快改革,加快发展和三个"有利于"等著名论断,极大地鼓舞了全国人民建设社会主义的热情。同年10月,中共中央召开第十四次代表大会,一年后,又召开十四届三中全会,这两次会议在建设有中国特色的社会主义理论指导下,把建立社会主义市场经济作为全党的行动纲领。各行各业出现思想更加解放、精神更加振奋的大好局面,国民经济和社会各项事业进入了一个新的发展阶段。

1992年7月6日至9日,国家档案局在山东烟台召开23个省、自治区、直辖市和5个计划单列市档案局负责同志座谈会,贯彻"南巡讲话"精神,研究档案工作深入改革、扩大开放的问题。同年12月,全国档案局长会议在北京召开,国务院副秘书长安成信到会并讲话,冯子直局长的报告提出,在新形势下,档案工作者要进一步解放思想,更新观念,加快改革开放步伐,大力开发档案信息资源,更好地为社会主义现代化建设事业服务。

在全国学习贯彻"南巡讲话"精神,档案事业面临新的发展机遇的形势下,第二次全国城建档案工作会议于1993年12月15日至18日在北京召开。

出席这次会议的有各省、自治区、直辖市建设主管部门的分管领导和城建档案馆馆长共140余人。会议的主要任务,是总结近几年城建档案工作取得的主要成绩和基本经验,研究和探讨新形势下发展城建档案事业的途径,部署今后几年的工作。建设部副部长叶如棠、毛如柏分别在会上做工作报告和总结讲话,国家档案局副局长刘国能到会并讲话。与会代表讨论和修改"工程档案管理办法"、"城建档案案卷质量标准"和"向城建档案馆报送档案资料的规定"等规范性、技术性文件。会上,建设部首次表彰了56个城建档案工作先进集体、107名先进工作者及16名关心和支持城建档案工作的领导干部。

叶如棠副部长在报告中,对城建档案工作所取得的成绩给予充分肯定。他指出,全国已有16个省、自治区、直辖市建立了城建档案工作管理机构;全国570个城市,已有444个建立了城建档案馆,其中有19个省的大中城市全部建馆,341个小城市有175个建馆;全国已有791个行政区、县建立了城建档案室。全国城建档案管理体系已基本形成。城建档案馆馆藏有了大幅度增加,档案资源的开发利用取得显著经济效益和社会效益,城建档案工作逐步走上法制轨道。报告从改革开放以来城建档案事业的发展总结出三条最基本的经验:一是各级建设主管部门必须加强对城建档案工作的领导和管理,只有这样,城建档案馆才能及时把握城市建

设信息,取得工作上的主动,为城市建设提供更有效的服务。也只有这样,城建档案部门的人、财、物的需求才能够得到有力的支持和保证。二是城建档案工作必须纳入整个城市建设的运行机制,纳入城市建设事业的发展计划和长远规划,并与城市建设同步协调发展,这是发展城建档案事业的有力保证。三是城建档案事业的发展需要档案行政管理部门的大力支持与监督、指导。各级城建档案机构虽然隶属建设主管部门,但在档案业务方面都应积极、主动地接受档案行政主管部门的监督和指导,这是我国城建档案事业顺利发展的重要保证。

报告提出90年代城建档案事业发展的指导思想是:以邓小平同志建设有中国特色社会主义理论和党的基本路线为指导,积极探索适应社会主义市场经济发展需要的城建档案管理体制和运行机制,大力提高城建档案干部队伍素质和城建档案管理水平,卓有成效地为社会主义现代化城市建设服务。

对今后几年的工作,报告提出:要加强对城建档案工作的宏观管理,引导城建档案事业持续健康发展;依靠科技进步,加快城建档案工作科学化、现代化步伐;强化服务功能,树立参与意识,向开放型的工作体系发展;完善城建档案工作管理体制,健全城建档案工作机构;采取有效措施扩大和丰富馆藏,建立门类齐全、结构合理、质量优化的馆藏体系;加快档案信息资源开发,努力提高管理和利用水平;开发和办好第三产业,增强城建档案工作活力;加强干部队伍建设,不断提高队伍素质等八项工作重点。其中,在讲到开发城建档案信息资源时,针对过去存在的"思想还不够开阔,办法还不够多,效果还不够理想,还不能适应现代化城市建设和国民经济发展的需要"等问题,提出"应该强化服务功能,向开放型的工作体系发展。"这是城建档案工作解放思想,加快改革,在观念上的一次重要突破。它对广大城建档案工作者积极参与城市建设的有关活动和城建档案的形成、积累、归档,开拓新的服务方式,为城市建设各项工作提供优质高效服务产生了重大影响。为了真正把城市建设档案馆建成城建档案资料的储存、交流和服务中心,报告提出城建档案馆在确定接收范围时,必须以满足三个方面的需要为出发点:一是满足当前城市规划、建设、管理、维护的需要;二是满足城市的改建、扩建和发展的需要;三是满足城市处于战争和遭受自然灾害后恢复、重建的需要。"三个满足"是确定城建档案接收范围的前提和基本原则,城建档案馆必须将城建系统和非城建系统各部门、各单位在建设活动中产生的、具有保存价值的各种门类、各种形式和载体的城建档案接收进馆,以满足城市建设对城建档案信息资源的需求。

第二次全国城建档案工作会议为城建档案事业的快速全面发展奠定了基础。会议提出"以建设有中国特色社会主义的理论,探索适应社会主义市场经济发展需要的城建档案管理体制和运行机制"的指导思想,对加快全国城建档案工作的改革步伐,对建设有中国特色的城建档案管理体系具有重要意义。

二、城建档案行政管理机构的建立

20世纪60年代曾在全国42个城市进行创建城市基建档案室的试点工作。1980年全国科技档案工作会议后,为进一步加强城建档案的收集、保管和利用,首先在大中城市建立城市基本建设档案馆(后更名为城市建设档案馆)。进入90年代,一部分大中城市开始试行"馆处合一"体制。

国家档案局副局长李凤楼多次指出,城建档案馆"是城建科技事业单位,同时又兼有职能部门性质。即不但要保管全市重要的需要永久和长期保管的城建档案,同时还要配合市档案局做好产生城建档案的各基层单位档案方面的业务指导工作"。城建档案馆建立之初,多数单位对编报竣工档案相当陌生,在这种情况下,要保证工程档案质量并及时接收进馆,城建档案馆必须深入工地进行业务指导。因此,就有了"城建档案馆兼有职能部门的性质"的表述。城建档案馆针对档案接收工作的业务指导和档案行政管理部门对档案工作的全面监督和指导是有区别的。

随着城建档案事业的发展和法治建设进程的加快,根据《档案法》和《科学技术档案工作条例》的有关精神,80年代末广东、吉林、黑龙江、山东等省的许多大中城市相继成立了"城建档案管理处",实行"馆处合一、一个机构两个牌子"的管理体制。事实上,在80年代初,已有少数城市根据工作的需要,大胆进行了这方面的改革,如西安市1981年成立了"西安市建委城建档案处",对外称"西安市基本建设档案馆";开封市、株洲市1981年在建委内设档案科,对外称基建档案馆;昆明市1984年成立"城建技术档案管理处",与市城建档案馆合署办公。到1993年第二次全国城建档案工作会议,全国已有40多个大中城市实行馆处合一的管理体制,这是城建档案工作深化改革的成果,也是我国现阶段事业单位体制改革较为普遍的做法和精简高效改革原则的体现。

建设部办公厅曾于1990年8月和1992年3月两次下发文件向各省、自治区、直辖市和计划单列市建设主管部门提出要求:"根据实际情况,经与当地机构编制部门协商,应尽快建立健全城建档案工作的行政管理机构(可与城建档案馆合署办公,不单独增加编制和经费),该机构在建设主管部门的领导和档案行政管理部门的指导下,负责对城建系统和列入城建档案馆接收范围单位的城建档案工作进行管理和指导"。此后,各地城建档案行政职能机构的建设明显加快。到2000年,全国已有100多个城市实行馆处合一体制,为依法治档,发展以城建档案馆为主体的城建档案事业体系奠定基础。

在大中城市建馆和设立城建档案行政职能机构的推动下,各省、自治区、直辖市为加强对辖区内城建档案工作的管理,也加快了筹建城建档案行政管理机构的步伐。早在1982年8月,北京市率先在全国成立第一个规格较高的管理机构——

首都城市基建档案工作领导小组,由主管城市建设的副市长任组长,机构设在北京市城建档案馆。1985年领导小组撤消后,又于1988年6月经北京市政府批准,恢复原城建档案管理办公室,负责管理全市城建档案工作,与城建档案馆合署办公。1983年吉林省建设厅在全国率先成立城建档案工作省级管理机构。之后,新疆、江苏、山西、湖南等省、自治区也相继成立城建档案管理机构,到1998年1月召开第三次全国城建档案工作会议时,已有23个省、自治区、直辖市建立了城建档案行政管理机构,比率达74.2%。没有成立专门机构的,也都明确了主管处室和专(兼)职人员。

1992年6月,建设部人事教育司根据部"三定方案",同意在办公厅设城建档案工作办公室,建设部城建档案工作办公室的主要职能为:制定全国城建档案工作的发展规划、计划和各项规章;指导全国城建档案工作的开展;负责档案人员的培训和开展学术研究与交流等活动。

建设部城建档案工作办公室的成立,对我国城建档案事业的推动和发展,有着深远的意义。它表明科技档案工作按专业统一管理的原则,在建设行业得到进一步贯彻和落实;结束了过去没有专设机构,由办公厅档案处兼管城建档案工作的历史,进一步完善了全国城建档案工作的管理体系。到1993年底召开第二次全国城建档案工作会议时,已经形成了由建设部城档办、各省(自治区、直辖市)城建档案馆(办)、各市城建档案馆(处)和县(区)城建档案室(馆)组成的全国规模的城建档案工作体系。从而为城建档案事业的持续健康发展奠定了组织基础。

三、城建档案保证金的取消和新一轮法规建设高潮

1998年10月14日,财政部、国家发展计划委员会印发《关于公布取消第二批行政事业性收费项目的通知》(财综字[1998]112号),城建档案保证金被列入其中。同年11月,建设部下发《关于国家公布取消行政事业性收费项目后有关行政管理经费问题的通知》(建综[1998]203号),对包括城建档案保证金在内的建设行业七项行政事业性收费取消后,如何解决行政管理经费的问题提出指导意见。

国家为了治理向企业乱收费、乱罚款和各种摊派,减轻企业负担,在1997年12月,财政部和国家计委就以财综字[1997]170号文公布第一批被取消的29项行政事业性收费。当时,城建档案保证金虽未列入,但湖南、四川、河北、新疆、广西等省、自治区已先后取消。应该说,城建档案保证金在全国范围内被明令取消前,各地已有较充分的思想准备,建设部城档办于1998年3月在泉州召开全国城建档案工作座谈会,专门就如何正确对待保证金将被取消的形势统一认识。各省及时传达了这次座谈会的精神,使大家认识到保证金只是一个历史阶段的治乱措施,不会永久存在,解决工程档案报送问题,最终还是要依靠健全法制。

取消保证金,在一段时间内给工程档案的接收工作带来一定的影响,但同时也给深化城建档案工作改革,加速构建城建档案工作的法规体系带来了新的机遇。因此,面对保证金取消后所遇到的困难,广大城建档案工作者顾全大局,思想稳定,以积极的态度和再创业的精神,迎接新的挑战。

为减少保证金的取消对重点建设项目档案的影响,建设部于1999年2月发出《关于认真贯彻国务院办公厅(国办发[1999]16号)文件精神,做好城市基础设施建设档案工作的通知》,要求在重点工程和城市基础设施建设的全过程和各个环节,都要加强档案管理,并采取有效措施,确保在工程建设竣工6个月内,及时将整套工程档案存入城建档案馆。通知还强调城建档案馆要加强业务指导,参加竣工验收,确保工程档案的质量。

1999年3月,一年一度的全国城建档案工作座谈会在海口召开,有30个省、自治区、直辖市建委(建设厅)或规划局城建档案管理部门的负责同志共34人参加。会议对保证金取消后如何做好城建档案工作进一步取得共识,与会者认为,"城建档案工作不能依赖保证金,而要靠管理,靠法治。从长远看,必须从经济手段过渡到强化行政管理和法规建设。"会议提出,要深入宣传贯彻《城市建设档案管理规定》(建设部第61号令),抓住新一轮修订地方法规的有利时机,把城建档案的法制建设提高到一个新水平。

各地针对保证金取消后城建档案工作出现的新情况,根据国家和地方有关法规,为强化城建档案管理,加大了工程竣工档案的接收力度,相继制定了本地区的城建档案管理规章或工作规范。1998年10月重庆市以第38号市长令发布《重庆市城市建设档案管理办法》,这是重庆市划为直辖市后颁布的最新城建档案管理规章,也是保证金取消后全国最早颁布城建档案管理地方性行政规章的城市。之后,浙江、云南、河北等省和安阳、兰州、镇江、扬州、攀枝花等一批城市的人民政府相继颁布经过修订的城建档案管理办法(规定)。未及制定政府规章的,如山东、湖南、上海、贵州、辽宁、安徽、山西等十几个省、自治区、直辖市和贵阳、武汉、深圳等部分城市的建设行政主管和档案管理部门,在保证金取消后,根据建设部建综[1998]203号文的精神,对加强建设工程档案的管理都及时发出通知,采取了措施。至2000年底,在短短的两年时间内,全国已有半数以上的省、自治区、直辖市修订了20世纪80年代颁布的行政规章或规范性文件,以适应新形势下加强城建档案管理的需要。所有文件都突出了工程档案管理的重点,强化了以法治档,具有针对性强、内容具体、便于操作等特点。如1998年12月湖南省建委、省档案局颁发的《关于进一步加强建设工程档案管理的通知》,针对保证金取消后的实际情况,提出了八条措施,其中明确规定:凡在城市规划区内的所有新建、改造、扩建的工程,建设单位应在工程竣工验收后6个月内,向所在地的城建档案馆(室)报送一套竣工档案;各建设单位在办理报建手续时,必须先到城建档案馆(室)签定《报送工程竣工档案责任书》;城建档案管理部门必须对建设、施工单位进行档案业务指导,参加工程竣工验收；凡未按规定报送竣工档案的工程，质量监督部门不予发放质量等级证书，建设管理部门不予工程验收，房地产部门不发产权证；对不按规定编报竣工档案的单位，城建档案管理处（馆、室）可提请有关部门依法实施行政或经济处罚，构成犯罪的依法追究法律责任。这些措施对规范建设工程档案的管理，避免在城建档案保证金取消后竣工档案接收工作可能出现的混乱起了重要作用。

2000年10月，西安市人大常委会审议通过《西安市城建档案管理条例》，这是第一部由市人大批准的城建档案地方立法。不仅为西安市城建档案工作提供了法规保障，对全国城建档案的法规建设也产生了积极影响，标志着我国城建档案法规建设跨上新台阶。

各地在开展新一轮法规修订的同时，也加大了对城建档案工作的执法力度。1998年7月，昆明市成立了城建档案监察大队（属城市建设管理监察总队），负责对违反城建档案工作相关规定的行为进行监察处罚，把过去靠保证金制约转化成执法行为。昆明市城建档案监察大队的成立，标志着该市已将城建档案管理列入城市建设管理法规监督序列，在全国起了很好的示范作用。一些省市开展了形式多样的执法检查。山东省在全省范围内推行一书（移交工程档案合同书或保证书）一证（建设工程档案合格证）制度。还在齐鲁杯城市"三上"（规划、建设、管理上台阶）活动中，把城建档案工作列入考核内容，将行政干预和以法治档紧密结合起来，确保城建档案工作健康发展。湖北省建设厅为进一步贯彻《湖北省城市建设档案管理办法》，规范城建档案行政执法程序，于1999年4月发出《关于认真做好全省城建档案管理行政执法工作的通知》，要求各级建委（建设局）结合本地的实际情况，委托城建档案馆履行行政执法职能。北京、武汉、贵阳、常州等市的人大代表，视察城建档案馆或产生城建档案的重点部门和单位，对城建档案工作进行执法检查，这对提高全民档案意识，确保城建档案工作法律法规的实施，起到监督和保障作用。

2001年1月，国务院以第279号令发布《建设工程质量管理条例》，该条例将工程档案管理纳入整个建设工程管理程序。这再一次表明，建设档案管理是建设行业管理的组成部分。《条例》中涉及的有关建设工程档案管理的内容，成为各地在新形势下开展新一轮法规修订的重要依据。

为了完善和健全城建档案法规体系，建设部在对相关法律、法规与城建档案行政规章的衔接进行充分调研论证并广泛征求各地意见后，于1997年12月以建设部第61号部令颁布了《城市建设档案管理规定》。2000年经修订后又以90号令重新颁布。建设部还先后颁发了《关于认真做好城市市政公用设施普查资料归档工作的通知》、《城市建设档案馆目标管理考评办法》、《城市管线工程档案管理办法》以及国家标准《城市建设档案著录规范》、《建设工程文件归档整理规范》。第90号部令和与之配套的多部规范性文件，成为新一轮修订地方城建档案法规规章的依据。这些规范标准和各省市地区性法规规章紧密结合,初步构建了全国城建档案工作的法规框架,大大优化了城建档案工作的法治环境。

四、城建档案宣传工作

城建档案工作起始于20世纪60年代初,但真正纳入城市建设工作,成为具有中国特色的一项新兴事业还是80年代改革开放以后的事。城建档案工作由鲜为人知,发展到被各级建设主管部门的领导、城市建设者和广大工程技术人员所重视,乃至受到全社会的关注,宣传工作起着重要的作用。

80年代,城建档案工作面临的主要任务是建立机构、接收档案、开展服务,宣传工作主要是向社会介绍什么是城建档案及其在城市建设中的作用。宣传形式以举办展览和借助新闻媒体为主。较早举办展览的有南京、成都、本溪、长春、宜昌等城市。

1986年5月,南京市城建档案馆为增强社会档案意识,提升城建档案馆知名度,组织城建系统38个单位和供电、电信、港务、交通等与城市建设有密切关系的专业局,举办了《城市建设档案工作成果展》。此次共展出70块展板和包括珍贵馆藏在内的70余件实物,重点介绍国家档案法规和江苏省、南京市已有的城建档案工作规章,用较多的篇幅介绍了城建档案在城市建设中的作用及其社会效益经济效益实例。在20天的展览中,共接待2311人参观。国际档案理事会主席汉斯·布姆斯夫妇在国家档案局副局长李凤楼陪同下饶有兴趣地参观了这次展览。许多参观者表示,今后要把珍惜档案作为公民应尽的义务,协助城建档案部门做好档案的收集和保护工作。

在全国许多城市举办城市建设和城建档案展览的基础上,为进一步扩大对城建档案工作的宣传,城建档案信息研究会决定编纂《中国城建档案十年》大型画册,得到建设部办公厅的支持。1992年1月,建设部办公厅听取了《画册》筹备情况的汇报后又在天津召开会议专门研究"画册组稿编辑工作,并决定画册更名为《发展中的中国城建档案事业》。经过一年半的努力,1992年底,《中国城建档案事业》画册印制完成。

《中国城建档案事业》是反映我国城建档案事业发展的第一本画册,也是我国档案界出版的第一部大型彩印画册。画册精选了1520多张照片、图片,详实地反映了我国城建档案工作发展的十余年历程和在城市建设中的作用。画册于1996年9月在北京召开的第十三届国际档案大会上展出,对宣传我国城建档案事业产生了积极影响。

为了扩大宣传效果,许多城市还借助当地的报纸、电台、电视台等新闻媒体,介绍《档案法》和城建档案工作的基本知识,以及城建档案为城市建设服务的典型案例,呼吁全社会关心城建档案工作。如兰州市城建档案馆在《兰州日报》上开辟专栏,宣传有关城建档案工作的法规和专业知识;烟台市在广播电台开辟馆长热线,回答市民的提问。为了使市民了解档案法规,芜湖、广州等城市借《档案法》颁布纪念日,走上街头,设置宣传台,开展档案法规和城建档案规章的咨询活动。乌鲁木齐市建委做出决定,从1990年起,将每年元月份定为城建系统《档案法》学习宣传月。天门市建委为加强宣传,拨专款在市广播电台开辟专题节目,通过咨询和有奖问答宣传《档案法》和城建档案工作。还开展形式多样的宣传活动。运城市为强化地下管网管理,落实建设部颁发的《城市管线工程档案管理办法》,开展了广播电视宣传周活动。

20世纪90年代,城建档案馆的物质条件普遍得到改善,大中城市一般都配有声像设备,为宣传活动创造了条件。同时,各地城建档案馆也都普遍开展了编研工作,多数馆编辑了"简讯"、"汇编"等资料,有的还出版了专著,这些对宣传城建档案工作也起了重要作用。宣传工作已从一般地介绍城建档案的重要性,转向以服务经济发展和城市建设为中心,收到良好效果。

1990年,哈尔滨市城建档案馆利用该馆先进的声像设备和丰富的馆藏,与市电视台合作,摄制完成多集电视专题系列片《凝固的音乐》,以哈尔滨一百多年建城史为主线,通过展示这座被称之为"东方莫斯科"的特有的城市建筑风格,使广大市民在建筑艺术的熏陶中了解哈尔滨的过去,同时也在寓教于乐中提高他们的城建档案意识。该片在电视台正式播出后,引起很大反响,应群众要求,电视台又重播一次。1990~1991年,中国与前苏联、东欧国家经济贸易洽谈会期间,又作为特别节目第三次播放,受到国内外宾客的一致好评。市政府领导在接见外宾和港、澳、台客商时,也作为介绍哈尔滨城市建设的惟一电视片多次播放。1991年,该片被中央电视台《地方台半小时》节目录用。

此后,深圳、长春、济南、青岛、大连、绍兴、武汉、无锡、苏州等一批城建档案馆先后完成多部电视片的制作。这些电视专题片在地方台播放后,均取得良好的宣传效果,有的还被中央电视台选播。深圳市城建档案馆与深圳大学联合摄制的反映特区10年建设的九集电视系列片,在该市电视台播出后,市民深切地感受到自己身边所发生的巨大变化,增强了建设特区的信心。1999年,绍兴市城建档案馆为保护本地的优秀传统建筑,发掘绍兴建筑文化的宝藏,为历史文化名城的保护规划提供可资借鉴的史料,组织编纂了《绍兴老屋》。该书出版后,受到各界好评。市领导在首发式上称赞该书是一部反映绍兴历史文化的精品之作,并表示市政府要进一步为城建档案工作的发展排忧解难。由于市电视台和多家媒体宣传《绍兴老屋》,对市民了解城建档案工作产生了积极影响,城建档案馆也因此名声大振。1996年6月,大连市城建档案馆与市电视台合作,完成反映重点工程建设的《来自城市建设重点工程的报道》系列新闻专题片。该片在晚间黄金时间连续播放后,观众反应异常热烈,取得很好的宣传效果。辽宁省建设厅为推动声像档案工作,全面展示城市建设和城建档案工作所取得的成绩,还在全省范围内开展"城市建设电视专题片评选"活动。

建设部为纪念《档案法》颁布10周年,展示改革开放20年来全国城建档案工作所取得的巨大成就,并配合第三次全国城建档案工作会议的召开,1998年1月首次举办全国城建档案事业成果展。为确保展览成功,1997年7月建设部办公厅在秦皇岛召开了动员会。同年11月,组委会赴各地通过召集片会全面检查展览筹备工作的进展情况。经过半年多的紧张筹备和精心制作,展会如期在北京举办。

全国城市建设档案事业成果展暨档案新设备新技术展示交流会于1998年1月15日至18日在首都军事博物馆举办,国务院副总理邹家华、全国人大常委会副委员长李锡铭、建设部部长侯捷、副部长叶如棠为展览会题词。此次展会全国共有30个省、自治区、直辖市的200多个城市参加。展览通过光、电、声像与图板、实物等综合演示手段,充分展现了城建档案工作文化、科技、历史内涵和浓厚的地方特色;展现了城建档案工作的发展历程和所取得的丰硕成果,以及在社会主义现代化建设中发挥的巨大作用。这次展览是对我国城建档案事业创建、发展的全面展示,也是对城建档案事业持续发展的有力推动。

这次展览是在全国建设工作会议和第三次全国城建档案工作会议期间举办的,出席"两个会议"的各地建设主管部门的领导和城建档案馆的馆长都参观了展览,这对各级领导进一步关心支持城建档案工作,应用新设备、新技术,加快城建档案事业的发展产生了深远的影响。展览会的成功举办,为新形势下开展城建档案宣传工作提供了有益的借鉴。

五、城建档案教育培训

1980年颁布的《科学技术档案工作条例》,要求各级专业主管机关"都应当注意培养一支坚持社会主义道路,具有科技档案专业知识和懂得有关科学技术,有一定工作能力的科技档案干部队伍。"

城建档案工作涉及30多种专业。因此,档案人员的培训,任务繁重。加之各地在筹建城建档案馆时,工程技术人员、档案专业干部很少,多数是城建系统的行政人员,缺乏档案专业和城市建设专业知识。

1981~1983年,先后在开封、长沙、青岛召开的三次全国城建档案工作座谈会上,对城建档案干部队伍的建设问题进行过多次讨论。国家档案局副局长李凤楼反复强调:"城建档案人员的培训工作是当前城建档案工作中一个迫切需要解决的问题,不把培训工作搞好,工作起来是有许多困难的。"还说:"在业务干部中,要配备足够数量的工程技术人员,在工程技术人员中要有几个熟悉城市规划、建设、管理情况的业务骨干,工程技术人员的专业也要配套。"在座谈会上,建设部办公厅负责同志指出,城建档案是一项新工作,不像文书档案工作有现成的经验和书本,加上我们的干部都是新手，大多数不懂行，因此急需抓紧在职培训。

城建档案人员的专业教育主要有两种途径：一是正规教育，即在高等院校设置档案专业；一是在职教育，包括电大、自学高考等。在全国部属城建院校尚未开设城建档案管理专业的情况下，城建档案人员的教育培养只能依靠在职继续教育和举办各类培训班、研讨班、业务讲座等。1985年中央广播电视大学开设档案专业后，一部分有条件的城建档案馆选送业务骨干去学习，以取得档案专业的大专学历，但毕竟人数有限，且学习的内容难以直接满足开展城建档案工作的需要，因此，各地在仍以举办培训为主，解决工作之急需。

城建档案人员的培训是随着机构的建立和事业的发展逐步开展起来的。1981年7月，河南省建设主管部门为解决对城建档案管理人员的需求，将省辖17个市的档案人员集中起来，办了第一期业务培训班，是在全国较早开展培训工作的省。之后，许多省市建设主管部门和档案部门都开始了城建档案的培训工作。据1986年的资料显示：1983～1985年，江苏11个省辖市，共举办培训班16期，培训干部565人次，选送到大专院校进修或参加电大学习的35人；辽宁省共培训城建档案人员1500余人次；吉林省提出通过培训，城建档案人员要在知识结构、业务素质、工作能力、管理水平等方面达到适应城建档案工作的要求。长沙、襄樊、四平、昆明、天津、沈阳、杭州、成都等许多大中城市都举办了不同类型、不同层次的人员培训和档案专业、城建专业知识讲座。

1985年初，城乡建设环境保护部办公厅档案处，为适应城建档案人员学习和培训的需要，编印了《城市建设档案工作基础知识》、《城市建设档案工作文件选编》、《城市建设档案工作经验选编》等培训教材。各地在业务培训中，根据不同对象，有所侧重地开设了科技档案管理、城市建设文件材料、城市基本建设程序、竣工图编制、档案分类与案卷整理、档案法规等课程，并请城市规划、设计和管理的中高级工程技术人员或档案部门的专家授课。通过培训，提高了城建档案人员的业务素质，改善了档案队伍的知识结构。对提升城建档案管理水平，发挥了重要作用。

1989年底，建设部办公厅为改变培训工作缺乏全国性专用教材的现状，决定成立城建档案教材编委会，着手编写《城市建设与城建文件材料》与《城建档案管理学》。1994年6月，《城市建设与城建文件材料》由中国建筑工业出版社正式出版。中国建筑工业出版社和中国档案出版社还分别出版了《城建档案工作概论》、《城建档案管理的理论和实践》，这些专著在城建档案人员的业务培训中都发挥了作用。

20世纪90年代，在社会主义市场经济发展的新形势下，建设部提出"大力提高城建档案干部队伍素质和城建档案工作的管理水平"的奋斗目标，各级建设主管部门对城建档案人员培训工作更为重视，举办各种不同层次和不同类型的业务培训，出现城建档案专业的干部培训热潮。

建设部城档办、中国城科会城建档案信息研究会曾多次举办城建档案人员短

第三节　加快发展,努力建设有中国特色的城建档案工作

期培训:1992年5月,部办公厅委托中国人民大学档案学院举办第一期全国城建档案业务培训班;1992年11月,在福州、厦门举办第二期培训班。这两期培训班的对象都是县以上各级城建档案工作人员,培训班聘请档案学院教授、建设部有关专家及有经验的城建档案馆馆长授课,培训内容主要有档案专业知识、城建档案编研、工程竣工档案、地下管网档案等。1995年6月,在烟台举办以《城市建设与城建文件材料》一书为主要内容的培训班。此次培训还开设了城市规划、城市建设管理、城市测绘、建筑工程等8个专题,全面讲授了城建档案工作涉及的主要城建专业及其文件材料的形成与归档。

1996年3月,受建设部城档办委托,中国人民大学档案学院举办了首届城建档案专业证书班。学制一年半,采用集中面授和分散函授相结合的教学形式。学员系统地学习了档案基础理论、城建档案专业知识、档案管理方法、现代高新技术在档案管理中的应用等18门课程。1997年底,参加培训的47人通过考试考核,取得了城建档案专业证书。城建档案专业证书班的成功举办,是国家建设主管部门为解决城建档案人才的急需,依托档案专业院校共同办学的一次尝试。

在开展一般业务干部培训的同时,为提高城建档案馆馆长的综合素质和领导水平,1993~1996年,建设部城档办先后在常熟、桂林、珠海、哈尔滨举办了4期馆长研讨班,有200多位馆长参加研讨。每期研讨班开设三至四个专题,内容涉及"如何当好馆长"、"公关学在城建档案工作中的应用"、"城市地下管线普查建档工作的组织与领导"、"城建档案与城建信息中心"、"城建档案管理工作的法规建设"等热点问题。

各省市在派人参加建设部举办的各类培训班的同时,根据本地区的实际状况,抓好各类业务培训。湖北、甘肃、内蒙古、贵州、山西、四川等省、自治区,重庆、武汉、广州、唐山、济南、深圳等大中城市先后多次举办城建档案管理人员培训班。其中,广州市城建档案馆在1994年集中半年时间,举办21期短期培训班,307个市县级城建档案机构、大中型项目建设、施工单位的1054名档案管理人员参加了培训;深圳市还举办了计算机基础知识培训班;宜昌市受城建档案信息研究会的委托,举办了全国声像档案培训班;上海市城建档案馆受建设部委托,举办了开发区建设档案研修班;有的城建档案馆还根据工作需要,举办了地下管线普查建档和档案资料编研等专项业务培训班。

经过努力,把城建档案人员培训工作纳入建设部关键岗位持证上岗序列。1997年10月,建设部人教司下发《关于实行城市建设档案馆馆长,城建档案管理人员岗位培训持证上岗制度的通知》(建教培[1997]34号)。根据《通知》精神,1998~2000年,建设部城档办和城建档案专委会在昆明、海口、西安、珠海举办了四期馆长岗位培训班。377人接受培训。岗位培训班开设档案法规、城建档案管理、城建文件材料、档案保护、竣工图编制、档案现代化管理、行政管理学与公共关系

学等课程。举办馆长岗位培训,对提高城建档案馆领导的业务素质和管理水平起了重要作用。全国城建档案工作整体水平的提高,与抓馆长培训有着密切的关系。

各地积极贯彻建设部建教培[1997]34号文精神,重视城建档案人员的再教育。河北、陕西、浙江、北京、辽宁等省建设主管部门相继发出通知,制定分期分批开展培训工作的计划,落实持证上岗。

城建档案继续教育和培训工作的普遍开展,使档案人员的综合业务素质得到显著提高,也使城建档案馆的人员结构发生了可喜的变化。据统计,1993年全国城建档案专职人员4478名,其中大专以上文化水平1778人,具有中级以上职称的760人,各类工程技术人员1123人,分别占39.7%、17%和25.1%。到1998年,城建档案专职人员已增至6116名(据1997年报表),其中大专以上3179人,中级以上职称1644人,分别占52%和26.9%。档案人员中档案专业2488人,工程技术人员1350人,各占40.7%和22.1%。以上两组统计数字对比,城建档案人员大专以上学历和中级以上职称人数在5年中分别增加12.3和9.9个百分点,档案人员的专业结构更趋合理。

六、城建档案馆目标管理考评工作

早在1987年7月,为提高企业档案管理水平,国家档案局曾制定《企业档案管理升级试行办法》。这是我国档案工作开展定升级活动的第一个行政规章。经过4年的实践,证明是强化档案管理的有效措施。1991年5月,国家档案局、国家科委、建设部联合下发《科学技术事业单位档案管理升级办法》。吸取了企业档案工作定升级的基本做法和经验,细化了考核内容和等级标准,对建立和健全各项规章制度、开发利用档案信息资源提出了进一步的要求。各地也陆续出台了一些城建档案馆定升级考评办法。1989年至1997年,辽宁、新疆、吉林、湖南、黑龙江、江苏、山西、陕西、四川、浙江、河南等省、自治区建委(建设厅)和档案局先后联合颁发"城建档案馆(室)定升级(试行)办法"。本溪、抚顺、沈阳、锦州、大连、衡阳、哈尔滨等一批城建档案馆在全国较早晋升为省一级档案管理单位。在全国,辽宁省是开展城建档案目标管理工作较早的省份。

为了切实把城建档案工作纳入城市建设管理,山东、新疆、陕西、辽宁等省、自治区建设行政主管部门,在开展齐鲁杯、天山杯、延安杯和绿叶杯城市规划、建设和管理"三上"(上等级)活动中,都把城建档案工作列为考核内容之一,有力地推动了城建档案目标管理工作的深入开展。

通过开展城建档案目标管理定升级活动,各地在建立健全机构,加快档案接收,加强基础业务建设等方面,取得了长足进展。在各地开展目标管理定升级工作的基础上,为了推动全国城建档案工作的目标管理并统一评审标准与考核程序,建设部城档办总结了各地的经验,草拟了"城市建设档案馆目标管理考评办法"和"城

第三节 加快发展,努力建设有中国特色的城建档案工作

建档案馆目标管理考评内容和评分标准"。1996年11月,在昆明召开的全国城建档案工作座谈会上,对"考评办法"做了进一步修改。第二年,建设部以建办[1997]120号文正式下发《城市建设档案馆目标管理考评办法》。

《考评办法》充分考虑城建档案的专业特点和城建档案工作的发展现状,在等级划分、考评内容、评分标准、评审员聘任、考评组织与评审程序等方面做出具体而明确的规定。《考评办法》在管理体制方面,对城建档案馆行政管理机构设置、工程技术人员比例,馆长技术职称等做出了硬性规定;在业务建设方面,突出重点建设项目工程档案接收和工程档案的内在质量以及城市地下管网档案的建立与动态管理;在馆库设备和档案开发利用方面,体现了科学管理的要求和立足"服务"的宗旨。总之,考评内容和评分标准针对性强,便于操作,是统一全国城建档案馆目标管理和定升级工作的部颁规章。

建设部办公厅于1998年3月公布了国家级评审员名单,紧接着在福建泉州召开全国城建档案工作座谈会上,各省、自治区、直辖市建委(建设厅)城建档案馆(办)负责人(城建档案目标管理国家级评审员),认真讨论了贯彻建设部第61号令和实施《城市建设档案馆目标管理考评办法》的具体事宜,为全国城建档案考评工作的正式启动做了充分的准备。

各地经过认真准备和考评前的自查,一部分基础较好的城市提出晋升国家级城建档案馆的申请。1998年9月8日,江苏省镇江市城建档案馆率先通过国家二级达标考核;随后,哈尔滨、沈阳、乌鲁木齐、佛山、广州、长春、蚌埠、昆明、武汉先后通过国家一级馆考评;12月11日云南曲靖也通过了国家二级馆的考评。至此,第一批国家级城建档案馆的达标考评工作全部结束。

截至2002年底,全国共有65个城市通过了国家级城建档案馆的考评。其中一级馆57个,二级馆8个。现将《城建档案》杂志2003年第一期刊登的"国家级城建档案馆排行榜"列于下:

单　位	级别	考评时间	单　位	级别	考评时间
江苏省			连云港市城建档案馆	国家一级	2002.10.24
南京市城建档案馆	国家一级	2001.11.09	常熟市城建档案馆	国家一级	1999.07.12
苏州市城建档案馆	国家一级	1999.07.11	盐城市城建档案馆	国家一级	1999.11.17
无锡市城建档案馆	国家一级	1999.09.27	昆山市城建档案馆	国家一级	2002.10.22
常州市城建档案馆	国家一级	1999.09.26	太仓市城建档案馆	国家一级	2002.10.22
南通市城建档案馆	国家一级	1999.09.25	海门市城建档案馆	国家二级	2001.11.06
淮安市城建档案馆	国家一级	2002.10.25	**山东省**		
扬州市城建档案馆	国家一级	2002.10.23	济南市城建档案馆	国家一级	1999.10.10
镇江市城建档案馆	国家一级	2001.11.08	青岛市城建档案馆	国家一级	1999.10.12

续表

单 位	级 别	考评时间	单 位	级 别	考评时间
淄博市城建档案馆	国家一级	1999.11.08	湖北省		
烟台市城建档案馆	国家一级	1999.11.13	武汉市城建档案馆	国家一级	1998.12.08
潍坊市城建档案馆	国家一级	2000.08.24	宜昌市城建档案馆	国家一级	2002.11.11
东营市城建档案馆	国家一级	2002.11.05	枣阳市城建档案馆	国家二级	2002.11.08
德州市城建档案馆	国家一级	2000.08.22	湖南省		
莱州市城建档案馆	国家一级	1999.11.11	衡阳市城建档案馆	国家一级	1999.11.24
招远市城建档案馆	国家一级	1999.11.10	岳阳市城建档案馆	国家一级	2000.11.03
蓬莱市城建档案馆	国家一级	1999.11.12	娄底市城建档案馆	国家二级	2001.11.29
莱阳市城建档案馆	国家二级	1999.11.09	河北省		
广东省			石家庄市城建档案馆	国家一级	2001.11.12
广州市城建档案馆	国家一级	1998.10.12	保定市城建档案馆	国家一级	2000.08.18
佛山市城建档案馆	国家一级	1998.10.09	黑龙江省		
深圳市城建档案馆	国家一级	1999.02.06	哈尔滨市城建档案馆	国家一级	1998.09.11
湛江市城建档案馆	国家一级	2002.11.08	佳木斯市城建档案馆	国家一级	2000.07.20
上海市			云南省		
上海市城建档案馆	国家一级	2001.12.16	昆明市城建档案馆	国家一级	1998.11.26
上海浦东新区城建档案信息资料中心	国家一级	1999.11.20	曲靖市城建档案馆	国家二级	1998.12.11
			新疆维吾尔自治区		
上海市金山区城建档案室	国家二级	1999.11.19	乌鲁木齐市城建档案馆	国家一级	1998.09.22
辽宁省					
沈阳市城建档案馆	国家一级	1998.09.15	克拉玛依市城建档案馆	国家一级	2000.09.06
大连市城建档案馆	国家一级	1999.10.20	北京市		
抚顺市城建档案馆	国家一级	2002.11.27	北京市城建档案馆	国家一级	2000.08.16
浙江省			天津市		
杭州市城建档案馆	国家一级	1999.09.29	天津市城建档案馆	国家一级	2000.09.18
温州市城建档案馆	国家一级	2001.12.18	吉林省		
绍兴市城建档案馆	国家一级	2000.11.10	长春市城建档案馆	国家一级	1998.10.20
安徽省			河南省		
芜湖市城建档案馆	国家一级	2001.12.20	郑州市城建档案馆	国家一级	2000.07.26
蚌埠市城建档案馆	国家一级	1998.11.26	广西自治区		
马鞍山市城建档案馆	国家一级	2002.12.10	南宁市城建档案馆	国家一级	1999.11.28
福建省			四川省		
三明市城建档案馆	国家一级	1999.12.13	宜宾市城建档案馆	国家二级	2002.11.15
龙岩市城建档案馆	国家一级	1999.12.15	陕西省		
尤溪县建设档案馆	国家二级	2002.12.06	西安市城建档案馆	国家一级	2000.10.31

《城建档案馆目标管理考评办法》在全国范围内的贯彻实施,为城建档案工作的持续发展注入了新的活力。各地以目标管理达标升级为契机,在创建国家级城建档案馆的过程中全面提升了管理水平,使城建档案工作跨上新台阶。这项活动的深入开展,不仅充分调动了城建档案工作者的积极性,也使城市建设主管部门加强了对城建档案工作的领导力度,使过去一些不被关注或久议不决的问题得到迅速解决。领导和城建档案工作者两者积极性的充分调动,推动了城建档案事业的健康持续发展。

七、城建档案工作的对外交流

长期以来,档案工作是一个相对封闭的领域。积极开展与国际档案界的工作交流和学术交流,以便吸收国外的先进技术和管理经验,是城建档案工作同国际接轨,进一步深化改革的需要。

早在20世纪80年代末,邓小平同志就指出:"开放不仅是发展国际间的交往,而是要吸收国际的经验。"1992年后,在"南巡讲话"的鼓舞下,我国档案界参与国际的交往日益频繁,各地城建档案馆接待国外档案人士来访和参与出访的次数明显增多。

1985年11月,成都市城建档案馆在全国首次接待以马丁博士为团长的英国档案工作者代表团一行6人。之后,全国先后有南京、武汉、北京、拉萨、天津、上海、昆明、杭州等城建档案馆接待过近20个国家、100余人次的档案工作代表团和来访者。北京市城建档案馆自建馆以来,已接待包括美国、前苏联、日本、德国、新加坡、缅甸、蒙古等十多个国家档案工作者来访。各国外宾在参观过一些城市的城建档案馆后,对我国1980年后在大中城市普遍建立城市建设档案馆评价很高,认为这是中国档案事业的创举,是对城市建设和发展很有意义的一项工作。原国际档案理事会主席、德意志联邦共和国国家档案馆馆长汉斯·布姆斯,于1986年5月在原国家档案局副局长李凤楼陪同下,参观南京市城建档案馆后题词:"南京城建档案馆作为南京城市建设的标志,给我留下了非常深刻的印象。我感到,该馆生动地表现了中国自1978年以来突飞猛进的情况,同时,它也为在过去的基础上建设未来和把传统与进步联系在一起提供了保证。"瑞士苏黎世档案人士在昆明市城建档案馆参观时,与该馆就近代建筑保护和古近代历史建筑档案保存等问题进行了交流,对该馆进一步做好昆明老街区和古近代历史建筑档案资料的收集起到了积极的促进作用。许多外宾在参观北京市城建档案馆后,对该馆的缩微复制和档案保护技术表示了极大兴趣,并盛赞60多平方米的"1949年北京现状模型"制作精美,富有空间立体感,是老北京的真实写照。

1996年9月2日至7日,第十三届国际档案大会在北京召开。这是第一次在亚洲召开的大型国际档案会议。我国政府和国家档案局对顺利举办这次大会也极为重视,把它作为档案工作对外开放,促进中外档案工作交流与合作,推动我国档案事业繁荣与进步的难得机遇。

为了宣传、展示我国档案工作40多年来取得的成就,在十三届国际档案大会召开前,根据国家档案局和北京市档案局的部署,北京市城建档案馆参与了大量的准备工作:与中国档案报社联合组织了"书写城建的历史,把握时代的脉搏"专版,全面介绍了该馆的发展历程;接待了中央电视台《新闻30分》、北京新闻台和电视台、中国日报(英文版)、光明日报、加拿大电视台等国内外媒体的采访,分别在电视、广播、报纸上报导了城建档案事业的发展及所取得的成就;完成了《北京市城建档案工作成就展览》和《北京市城市建设历史照片档案资料展览》两大展区的布展,及《中国档案事业》大型画册中有关城建档案方面的图片与资料的准备;完成了在国际会议中心《中国档案沙龙展览》北京展区的布展,内容包括蓬勃发展的首都城建档案事业,为领导搞好首都建设决策服务,为城市规划、建设、管理服务等6个部分。拍摄了"从空中看北京"、"再造京门"等电视专题片,生动地介绍了北京城市建设的巨大成就,为大会的成功召开和向国际档案界展示中国城建档案事业做出了贡献。

大会期间,来自法国、澳大利亚、美国、日本、加拿大、埃及、韩国、新加坡、墨西哥、泰国等国家的档案界人士100多人参观了北京市城建档案馆。通过参观,代表们对北京市城建档案工作所取得的成就和我国城建档案事业的发展给予很高评价,对北京市城建档案工作的管理体制、城市建设工程竣工档案管理程序、应用现代技术管理城建档案以及开发档案信息资源为城市建设服务等表现出浓厚的兴趣,赞赏北京的城建档案工作开展得很出色。英国代表汤姆·布鲁得留言:"你们的信息系统是英国城市规划者学习的榜样。"挪威代表里乌·海克兰地题词:"你们所有的工作给我们留下很深的印象。"

全国有30多位城建档案馆的馆长参加了本届国际档案大会,积极参与大会的各项活动与学术交流。建设部办公厅主任车书剑等领导,在大会期间会见了赴京的与会代表,要求全国城建档案工作者,通过与国际档案界人士的交往,学习别国的先进管理经验,把我国城建档案的管理水平再向前推进一步。

各地城建档案工作者,对第十三届国际档案大会在我国召开,也表现了极高的热情。安徽省建设厅为庆祝大会的召开,在省博物院举办了"安徽省城市建设档案展览",省政府、省人大十分重视这次展览,副省长杨多良出席开幕式并讲话。

随着各地城建档案馆接待外宾来访次数的增加,我国城建档案工作者也开始走出国门,实地考察、学习发达国家在城市建设档案管理方面的经验。1993年7月,建设部办公厅首次组织30多位城建档案馆馆长赴美国,参加在西雅图举行的"中美城市建设和市政工程档案管理研讨会"。听取了城市公用地下设施中心关于"区域性公用设施系统的管理"和工程局关于"道路及勘测档案管理"等讲座;参观

第三节 加快发展，努力建设有中国特色的城建档案工作

了公用地下设施资料中心和市电力公司的 GIS 系统。随后，参观了西雅图、旧金山等 4 个城市的图书馆、城市基础设施、公共性建筑和古建筑等。通过此次考察和交流，各位馆长对美国城市规划的制定、立法、实施和管理留下了深刻印象，对城市建设部门重视基础性档案资料积累和保管，尤其是采用网络技术、地理信息系统集中管理地下管线十分赞赏。许多馆长在赴美考察后，深感开展国际间学术交流十分必要，不仅大开眼界、增长知识，而且找到了我们在管理工作中的差距。

自 1993 年首次组团赴美考察至 2000 年底，先后组织 10 批城建档案工作考察团出国考察学习。我国城建档案工作者出访欧美国家，最想了解的是这些国家有关城市规划和城市建设档案的管理体制，城建档案的接收渠道与保管利用，档案现代化、信息化管理技术等。考察后，许多人从对比中感到，我国的城建档案管理体制有其不可替代的优势，以城市为单位建立的城建档案馆对档案实行集中统一管理，使城建档案在接收、保管和利用方面基本与城市的发展相适应。但欧美国家法律法规健全，社会档案意识较强；数字化、信息化和网络技术在档案管理中的成功应用；档案馆、博物馆、图书馆等信息部门与公民密切贴近，并竭诚为他们服务等方面都是值得我们学习和借鉴的。

1998 年 6 月 28 日至 7 月 2 日，国际建筑博物联合会第九届大会和国际档案理事会建筑档案临时处成立大会在英国爱丁堡召开，中国城科会城建档案信息专业委员会应邀派代表出席。我国代表提交的论文"中国城市建设档案馆的社会角色与责任"被选中在会上发言。此次大会结束时，国际档案理事会建筑档案临时处宣告成立。我国档案工作学者、中国人民大学档案学院副教授安小米被选为该处成员。

2000 年 9 月 21 日至 26 日，第十四届国际档案大会在西班牙历史名城塞维利亚召开，建设部组织城建档案代表团出席了大会。在这次大会上，国际档案理事会批准了由原建筑档案临时处提出的成立建筑档案处的申请。该处的成立，标志着建筑档案作为一项重要的专业档案有了自己的国际组织。由新成立的建筑档案处组织的"建筑档案鉴定"专题讲座上，来自英国、西班牙、荷兰、美国、阿根廷、中国的 6 位专家学者，就建筑档案鉴定问题及其方法与对策作了交流，我国学者安小米的发言题目是"中国建筑档案的鉴定"。通过讲座，国外代表对中国城建档案馆永久保管建筑工程档案的经验产生浓厚兴趣。国际档案理事会建筑档案处曾提议派专人到中国拍摄录像片，让国际社会了解中国的城建档案馆，学习和借鉴中国城建档案馆的经验。

第十四届国际档案大会期间有关建筑档案的活动显示，具有中国特色的城建档案工作正逐步为国际档案界所了解，作为城建档案一部分的建筑档案已得到国际档案界的高度重视。随着建筑档案管理理论和方法的研究进一步拓展，城市建设档案事业必将得到国际档案界越来越多的支持和关注。

八、城建档案现代化管理和城建信息中心的建立

城建档案现代化管理是以新的管理理念,采用新设备、新技术,对传统的档案管理模式进行逐步更新改造的过程。目标是实现高效、便捷的管理效能,更好地为城市建设服务。

我国的城建档案管理从传统的手工操作发展到普遍采用计算机、缩微机、管理软件等先进设备和技术,经历了从无到有、从点到面、从探索试验到广泛应用的艰苦历程。城建档案管理方法的不断更新演进,与科学技术的发展、城市建设对城建档案工作的需求以及城建档案馆的经费状况和人员素质是分不开的。

20世纪80年代初,各地在创建城建档案管理机构时,档案管理基本上还是采用传统的手工方式,承袭机关文书档案的工作模式,依靠投入众多的人力,编制一些卡片和簿册类查找工具。管理不便、差错率高、效率很低。为了改善工作条件,提高管理水平,80年代中后期,随着微型计算机在档案部门的应用,部分大中城市的城建档案馆开始提出标准化、规范化、现代化的问题,逐步配备四通打字机、复印机、摄像机、286微型计算机等设备;条件比较好的,如北京、上海、沈阳、济南等城建档案馆,还购置了缩微设备。80年代末,已有更多的馆配置了档次较高的386计算机和其他现代设备。据1990年底统计,全国14个计划单列市城建档案馆共拥有复印机28台,摄像机15台,微型计算机19台。这些先进设备,在文件报表制作、声像档案收集和对外宣传、安全保护和档案利用方面发挥了重要作用,也使城建档案的管理水平向前迈进了一步。但由于受专业人员素质、硬件环境和前期工作等多方面因素的影响,计算机在档案管理中的应用还处于初级阶段,只有少数馆制订了用于本馆的著录标准,研制了功能比较单一的应用软件,开始做一些试验性数据输入和试运行,而多数馆购置的微型机并没有充分发挥其作用,只作为一般文字处理设备使用。

为了引导全国城建档案工作向计算机技术为核心的现代化管理发展,建设部在积极组织制定和修订《城市建设档案分类大纲》,编写《中国城建档案主题词表》等业务标准规范的同时,1989年1月,确定芜湖市城建档案馆为全国中小城市城建档案现代化管理的试点,从而拉开了探索应用计算机管理城建档案的序幕。

芜湖市城建档案馆现代化管理的试点工作,是从1989年5月正式启动的。6月,建设部和安徽省建设厅对试点的各项准备工作进行了一次检查,有关同志听取了市城建档案馆关于"试点实施方案"的汇报。同年9月,建设部办公厅就"试点方案报告"复函安徽省建设厅,同意"试点实施方案",并决定成立由建设部办公厅副主任刘锡庆任组长,省建设厅、市建委等有关部门负责同志组成的课题领导小组。在芜湖城建档案馆和浙江大学共同努力下,根据"城建档案管理系统分析方案"所规定的原则和要求,经过两年多的努力,"城建档案计算机综合通用管理系统"于

1991年7月完成调试,9月正式通过了建设部组织的鉴定。该项目获得1992年度建设部科技进步三等奖。

1992年5月,建设部办公厅在芜湖召开了"城建档案计算机综合通用管理系统"成果推广会。第一个城建档案计算机综合通用管理系统的研制成功,对全国城建档案现代化管理起了积极的促进作用。

进入20世纪90年代,城市建设速度加快,城市规划、建设和管理等各项工作对城建档案的需求日益增加。一批大中城市城建档案馆的新建馆库先后投入使用,基础业务工作大大加强。面对快速增长的各类城建档案和城建资料,尽快将计算机技术应用于城建档案管理,已成为多数城建档案馆改变档案管理滞后于城市建设发展的主攻目标。

1990年12月,四川省泸州市城建档案馆经过一年多的实践,开发完成"城建档案电子计算机管理信息系统",并通过市科委的鉴定。该成果是全国较早开发研制并通过市级鉴定的城建档案管理系统。次年4月,四川省建委为推广他们的成果,组织全省各馆赴泸州市参观学习。据统计,1993年底第二次全国城建档案工作会议前,进行计算机管理系统开发的已有深圳、杭州、西宁、合肥、唐山、上海、天津、沈阳、本溪、保定等10多个大中城市。保定城建档案馆研制的"计算机光盘网络技术城建档案管理系统"和本溪城建档案馆研制的"城建辅助决策管理信息系统"还分别获得1993年河北省建委科技进步一等奖和本溪市科技进步二等奖。

1991年4月,中国城科会城建档案信息研究会现代化管理组,在深圳召开第一次"城建档案现代化管理研讨会",会上演示了深圳城建档案馆开发的"城建档案电脑管理系统",与会各馆交流了开发应用计算机管理系统的经验,探讨了在城建档案计算机管理中存在的问题。

随后的几年,又有济南、武汉、上海、大连、沈阳、西安、北京、南京、佛山、哈尔滨、广州等大中城市配置了档次较高的硬件设备,相继开发了功能更加完善、覆盖范围更大、更具有城建档案专业特征的软件系统,使城建档案现代化管理迈上了一个新台阶。据统计,到1997年上半年,全国400多个城建档案馆,多数已实现计算机辅助管理,还有30多个馆开发出具有一定水平的城建档案信息管理系统。

在研发功能更为先进的城建档案管理软件的同时,少数条件较好的城建档案馆,开始了地理信息系统(GIS)应用于城建档案管理的探索。城市地理信息系统是一个以城市空间背景信息为基础的,支持地理空间信息和与之相关的属性信息进行采集、存储、分析和管理的信息系统。城市规划和城市建设工程都有固定的地理位置及坐标,因而应用GIS开发城市建设和城建档案信息系统,具有更大的适用价值。建立城建档案地理信息系统,既是城建档案信息管理的一种更为先进的技术手段,又是城建档案馆参与城市建设管理,为城市规划和建设服务的方向和目标。由于地理信息系统平台的建设,在硬、软件配置上需要投入巨额资金,同时,城市范围内大量的地形图需要数化输入或数化地形图的采集,以及地形图的不断更新,也不是城建档案馆一家所能承担的。因此,20世纪90年代中后期,大连、长沙、昆明、乌鲁木齐、北京、上海、济南等几个特大城市的城建档案馆,主要还是将GIS用于地下管线的管理。1997年7月,全国城市地下管线档案现代化管理研讨会在昆明召开,会议的中心议题是:计算机技术和信息技术在城市管线档案管理中的应用。建设部GIS技术研究中心负责同志在会上介绍了昆明、济南、乌鲁木齐等城市采用GIS管理地下管线档案的成果和运转状况。这次研讨会意味着GIS技术在城市地下管网管理中的试用已经起步,但要实现对城市地下管网和地下工程设施的全面动态管理,还需要进一步研究和开发。厦门、武汉、北京等城建档案馆随即又开始研发更加先进的第二代地下管线信息管理系统。

综上,我国城建档案工作采用计算机技术虽然起步较晚,但发展很快,从单一的目录管理,发展到城建档案馆内各项业务和档案资料多层面管理。反映城建档案计算机管理试点所产生的影响和促进作用,表明城建档案现代化管理跃上新台阶。但各地应用计算机管理的水平相差悬殊,一部分城建档案馆的计算机应用仍停留在低水平,新开发的"管理系统"的推广也不尽人意,现代化管理的各项规范标准亟待制定,还需加强城建档案现代化管理的宏观指导和统筹规划。

第三次全国城建档案工作会议提出"加快城建档案管理现代化的步伐",努力实现"两个转变"的目标。1998年上半年开始,建设部城档办着手相关标准规范的制定。首先组织编写城建档案"著录规范",经过两年的调研、起草、讨论、修改,于2000年10月完成"著录规范"送审稿,并通过了由建设部标准定额司和办公厅组织的专家审定,2001年3月《城市建设档案著录规范》(GB/T 50323—2001)作为国家标准正式颁发。在编写"著录规范"的同时,"建设工程文件归档整理规范"也被批准立项,在编制组的努力下,经过几上几下反复修改,后经专家会议审定,于2002年1月以国家标准(GB/T 50328—2001)正式发布。两个国标的出台标志着城建档案的标准化工作进入了一个新阶段。在组织编制两项国标的同时,建设部城档办、城建档案专业委员会、建设部遥感制图中心共同研发新的"城建档案信息通用管理系统"。这是继1991年在芜湖组织研发"城建档案计算机综合通用管理系统"后的功能更为完善的城建档案信息管理系统。对引导和规范城建档案计算机管理发挥了一定的示范作用。

城建档案管理现代化还包括城建档案保护设施、保护技术的现代化以及声像技术等。经过20年的努力,到上世纪末,全国馆库面积已达290余万平方米,其中大多数是按照《档案馆建筑设计规范》建设的,且配置了恒温恒湿和自动报警系统,档案的保护条件得到很大改善。为了保护档案原件、方便对外利用,缩微技术在一部分馆藏量大的中心城市得到应用,全国缩微机的拥有量达97台。几乎所有大中城市,还有部分小城市的城建档案馆都配置了摄、录像机和编辑机等现代声像设备,部分馆还发展由计算机控制,使用光盘、扫描仪、激光打印等多媒体技术实现文字、图纸、图像、视频、音频等档案信息一体化管理。大型工程复印机的广泛使用,使对外服务条件得到进一步改善。到 2000 年底我国城建档案现代化管理已初具规模,为城建档案事业跨入新世纪后的持续快速发展奠定了基础。

城建档案馆是城建档案资料的储存、咨询和服务中心,是城市建设的信息部门。努力探索使城建档案馆成为城市建设信息中心,既是城建档案馆现代化管理的必然选择,又是城建档案馆远期的奋斗目标。

1989 年 9 月,建设部成立具有部分行政职能、兼信息化工作领导小组办公室的"建设部信息中心"。1995 年开始实施全国建设系统"金建"工程。在建设部信息中心提出的《全国建设信息网省、市级建设信息中心组建办法》中,建议各地由市建委全面负责,市城建档案馆承办市级建设信息中心工作。机构形式、人员编制根据实际工作需要自行决定。后来,在"关于《全国建设信息系统规划方案》实施中具体问题的通知"(建办[1995]464 号)中,再次"建议依托市城建档案馆的现有条件,赋予城建档案馆以市级建设信息工作的管理职能,实行一套机构、两块牌子"。1998 年 1 月,建设部副部长叶如棠在第三次全国城建档案工作会议报告中,又一次把这项工作提出来,并把它列为 2010 年前城建档案事业的发展目标。报告提出:"城建档案馆在馆房、设备、人员、技术、网络体系、信息资源等方面的条件得天独厚。各级建设主管部门应该充分利用城建档案馆的现有条件,发挥城建档案馆的潜在优势,尽量将城市建设信息中心建在城建档案馆。"

由于建设部领导和有关部门对构建全国建设信息网的重视和对依托城建档案馆建立市级建设信息中心的支持,部分城市的建委和城建档案馆,对城建信息中心表现出极大的热情,积极创造条件,努力探索城建档案工作和城建信息中心有机结合的路子。1994 年,在全国建设系统"金建"工作刚启动的时候,部城档办就在当年的工作计划中提出开展市级建设信息中心的试点工作。上半年,山东省莱芜市由市编委批准,成立了城建信息中心,与城建档案馆"一套机构、两块牌子",这是全国较早建立城建信息中心的城市。1995 年 9 月,建设部在大连召开部分城市建设信息中心组建工作会议。在这次会议的推动下,又有一批城建档案馆挂牌成立城建信息中心,当年年底,泉州、莱州、福州、武汉等市的城建信息中心宣告成立。截止 1999 年底,已有大连、深圳、沈阳、杭州、厦门、保定、衡阳、长沙、合肥、西安等 34 个城市依托城建档案馆建立了城建信息中心。另外,还有部分城建档案馆虽未挂牌,但作为城市建设信息中心的主要网员单位积极开展工作。

以上城市在依托城建档案馆成立信息中心后,一般都开展了以下几方面的工作:(1)构建本城市的信息网。在原有城建档案工作网络的基础上,进一步扩大和充实以城建档案馆为中心,以区县城建档案室以及建设系统各企事业单位档案室、重要工程项目单位为基础的信息网络,发展网员单位。(2)开展信息的收集、发布和上报工作。按照建设信息网的有关规定和协议,组织网员单位上报有关建设信息;通过信息中心的网站,对全市各类信息和馆藏信息进行采集、汇总、分析和筛选,丰富本地区建设信息数据库,并在网页上发布本地区有价值的建设信息;及时向建设部信息中心上报有关信息,并从建设部主网站采集所需要的建设信息。(3)开展信息服务。创办建设信息刊物、建设简报,及时传递政务信息、业务信息和商务信息,为政府决策、城市规划与建设、城建企事业单位生产与经营提供快捷有效的服务。

经过多年的探索和实践,以城建档案馆为依托成立建设信息中心,已经有了一个良好的开端。但就全国而言,这项工作进展得不是很理想。2000年1月,在全国建设信息工作座谈会上,建设部信息中心负责人在总结前几年工作时指出,全国建设信息网现已完成建设部与各省级建设主管部门以及138个省会城市、省辖市建设主管部门之间信息的双向电子化、网络化传递。而依托城建档案馆成立建设信息中心的城市只有34个,仅占全国建设信息网中二级分支机构的1/4。出现这种情况的原因是多方面的,其中有思想认识、现行体制、管理机制,以及网络技术等诸多因素。因此,城建档案工作在面对全球信息化挑战,努力探索城建档案事业的发展方向时,不要忘记叶如棠副部长在第三次全国城建档案工作会议上所讲的:"抓住建设部大力发展建设信息系统的有利时机,将城建档案和城市建设信息中心的工作有机地结合起来,优势互补,相互推动,相互促进,在全国信息化的大背景下,以新的思路、新的方法发展城建档案事业"。

九、《城市建设档案管理规定》的颁布及第三次全国城建档案工作会议的召开

1997年12月23日,国家建设部以第61号部令颁布了《城市建设档案管理规定》。建国以来,国家建设行政主管部门颁发过若干有关城建档案工作的法规性文件,而将城建档案工作列入城市建设法规系列,以部门规章的形式予以颁布,还是第一次。

《管理规定》是在《城市建设档案管理暂行规定》实施10年后,通过长期调研、反复论证修订而成的一部重要规章。1987年11月,城乡建设环境保护部和国家档案局联合颁发《暂行规定》时,《档案法》刚刚颁布,城建档案工作还没有完全摆脱计划经济体制的影响,仍然是传统的、封闭的、被动的工作模式。1992年10月党的十四大作出建立社会主义市场经济体制的决定后,我国在社会、经济和城市建设等方面发生了深刻的变化。为了适应新的形势,城建档案工作必须从观念上、体制上、服务方式上深化改革,因此,修订《暂行规定》被提到议事日程。另外,《暂行规定》颁发后,国家先后颁布和修订过两部与城建档案工作有关的法律。一部是1989年颁布的《城市规划法》,另一部是1996年7月经过修订的《档案法》。以上法律的颁布与修订,加快了《暂行规定》的修订进程。

第三节　加快发展,努力建设有中国特色的城建档案工作

《管理规定》从原来的五章28条压缩成16条,不仅文字上精炼了,而且在内容上更加充实和完善。二者相比,《管理规定》具有以下特点:(1)将《城市规划法》列为制定《管理规定》的依据,从而把工程项目竣工后按时报送工程档案提高到执法的高度;(2)对"城建档案"给予比较科学和准确的定义,更加符合《档案法》对"档案"概念的表述;(3)执法主体明确,对违反规定行为的处罚严格而具体,具有较强的可操作性;(4)建设系统专业管理档案的流向更为明确,克服了长期存在的将工程项目前期文件划为文书档案而从工程档案的整体中分割出去的弊端;(5)增强服务观念,把"积极开发档案信息资源,向社会提供服务"作为城建档案工作的出发点和落脚点。

《管理规定》是建国以来城建档案工作经验的总结,是一部承前启后、适应经济转轨、确保城建档案工作顺利开展的重要规章。它的颁布实施,标志着城建档案工作法规建设进入了一个新阶段,对城建档案事业的持续、健康发展具有深远意义。

配合《城市建设档案管理规定》的颁布,于1998年1月15日至17日,第三次全国城建档案工作会议在北京召开。会议的主要任务是:总结1993年以来全国城建档案工作所取得的经验,研究、探讨新形势下城建档案工作的发展方向,部署今后几年的工作;学习、贯彻《城市建设档案管理规定》;表彰一批在城建档案工作中取得优异成绩的先进集体和先进个人。出席会议的有建设部、国家档案局经科司的有关领导,中国人民大学档案学院、省建设厅(委)和省级城建档案馆(办)的负责同志以及部分城建档案馆馆长、城建档案工作先进集体和先进工作者代表共200多人。

会上,建设部副部长叶如棠作了工作报告。办公厅副主任张允宽宣读建设部对全国63个城建档案先进集体、166名先进工作者的表彰决定。会议期间,代表们就如何贯彻执行《城市建设档案管理规定》展开讨论,并列席全国建设工作会议,聆听建设部6位正副部长就建设工作所作的重要讲话。全体代表出席1月17日在中国军事博物馆举办,98的全国城建档案事业成果展暨档案新设备新技术展示交流会开幕式并参观展览。

叶如棠副部长在《抓住机遇,深化改革,把城建档案事业推向一个新阶段》的报告中,回顾了第二次全国城建档案工作会议4年来城建档案事业所取得的成绩,分析城建档案工作面临的形势,阐述今后10年城建档案工作的思路和重点。

2010年前城建档案事业的指导思想和发展目标是:以党的十五大精神为指导,积极探索适应社会主义市场经济体制和信息管理现代化要求的、符合城建档案工作发展规律的城建档案工作管理体制和运行机制,逐步实现从管理型向开发利用型、从公益型向效益型的转变,努力探索城建档案馆和城市建设信息中心工作有机结合的新路子,使城建档案工作迈上一个新的台阶,为我国城市现代建设事业做出更大贡献。

报告总结了城建档案工作的进展：(1)机构进一步健全，队伍进一步壮大。至1996年底，全国666个设市城市中，已建馆的近500个。专职城建档案人员6054名，比1993年增长35%；(2)基础业务工作进一步加强。全国城建档案馆馆藏档案611万卷，比1993年增长55%。库房面积42.8万平方米，比1993年增长68.6%；(3)档案利用工作取得巨大经济效益和社会效益。据不完全统计，4年中接待查阅73万人次，提供档案165万卷，产生可测算的经济效益约15亿元；(4)城建档案工作逐步走向法制化、规范化、科学化；(5)现代化管理全面起步，对信息产业化进行了有益的探索；(6)学术研究气氛活跃等。

报告提出今后要抓好的七项重点工作：(1)加大城建档案工作宣传力度，增强全社会的城建档案意识；(2)各级建设主管部门要切实加强对城建档案工作的领导，进一步健全城建档案管理机构，完善城建档案法规体系；(3)在加强基础业务工作的同时，努力把工作重心转移到城建档案信息开发利用上来，实现从管理型向信息开发利用型的转变；(4)多渠道、多形式扩大资金来源，努力实现从公益型向效益型转变；(5)加快城建档案管理现代化的步伐；(6)提高对建设信息工作的认识，努力探索将城建档案馆和建设信息中心有机结合的模式；(7)加强城建档案馆自身建设，深化内部改革与管理，提高城建档案馆整体水平。

第三次全国城建档案工作会议是在世纪之交，各行各业深入贯彻党的十五大精神，城建档案工作面临信息化机遇和挑战的新形势下召开的一次重要会议。会议提出的"两个转变，一个结合"的发展目标，既是城建档案工作经过长期实践、探索得出的结论，又是面对社会主义市场经济，城建档案工作在思路上和观念上新的突破，它对21世纪城建档案事业的持续发展将产生重大影响。从这个意义上讲，第三次全国城建档案工作会议的召开，是我国城建档案事业发展史上又一个里程碑。

城市建设档案工作大事记

（1949～2000年）

1949年

10月

中华人民共和国政务院成立指导接收委员会，处理有关国民政府机关人员、档案、图书、财产、物资等接收事项。

1951年

2月

南京史料整理处（1964年更名为中国第二历史档案馆）成立，至1952年底，共接收国民政府档案130多万卷，其中包括内政部保管的部分民国时期形成的都市计划、建筑、市政与公用工程等方面的城建档案。

4月

中共中央办公厅、中央人民政府政务院秘书厅分别制定《关于加强文书处理工作和档案工作的决定》和《公文处理暂行办法》。

1953年

5月

中山陵园管理处赴福建省，将南京解放前夕国民政府计划运往台湾，后因战事紧张而滞留在福建沿海的6000余件中山陵建筑档案和图纸运回。

1954年

11月8日

国家档案局成立。自此，全国确立省、地（专员公署）、县三级政府档案工作的分级管理体制。各级政府建设行政管理部门办公室负责基建档案工作。

12月1日

中共中央办公厅在北京召开第一次全国档案工作会议。会议讨论通过《中共中央和省(市)级机关文书处理工作和档案工作暂行条例(草案)》。

1955年

1月17日

中央批准实施《中共中央和省(市)级机关文书处理工作和档案工作暂行条例》。

1956年

1月

周恩来总理在党中央召开的知识分子问题会议上讲:"为了实现向科学进军的计划,我们必须为发展科学研究准备一切必要的条件。在这里,具有首要意义的是要使科学家得到必要的图书、档案资料、技术资料和其他工作条件。……必须加强图书馆、档案馆、博物馆的工作。"

2月14日

毛泽东主席在有国家建委、煤炭部、石油部等工交部门领导人参加的汇报会上指出:"一个城市的设计资料,应统一由城市建设总局管,但各部也要管一点,把你自己的资料拿出来,同他们对一对,可靠不可靠,就有把握了。"

4月16日

国务院颁布《关于加强国家档案工作的决定》。

4月

国家建委召开全国首次技术资料交流会议。

4月

国务院批转国家档案局的一份报告时指出:"关于技术档案的管理应该重点摸底,迅速制定办法,建立管理制度,以便逐步赶上国家建设需要",并提出建立"技术图纸档案馆"的设想。

6月

国务院科学规划委员会主持制定《1956~1967年哲学社会科学规划纲要》,将"技术档案的管理和利用"列为需要研究的问题之一。

9月

在中共第八次代表大会上,城市建设部部长万里发言指出:"各种勘察测量成果,应交当地城市建设部门一份,统一加以保管,以供有关单位使用。"

12 月 18～22 日

全国政府系统第一次档案工作会议在北京召开,并制订《国家机关一般档案材料保管期限的暂行规定》。

1957 年

2 月 28 日

国家档案局颁发《国家机关文书立卷工作和档案室工作暂行通则》。

6 月

江苏省建设厅印发《关于制定竣工办法的说明》。

9 月 6 日

国务院批准科学规划委员会第四次扩大会议通过的《关于改进档案、资料工作的方案》。

1958 年

6 月 28 日

国家档案局在北京召开工业、交通、建筑部门档案工作座谈会,研究技术档案与文书档案的区分和加强技术档案管理问题。

1959 年

6 月 1～10 日

全国档案资料工作先进经验交流会在北京召开,国务院总理周恩来接见会议代表,号召"档案工作人员要学习司马迁,当司马迁"。

12 月 1～9 日

国家档案局在大连召开技术档案工作现场会,参加会议的除华北、东北协作区,还有全国其他 20 个省、自治区、直辖市和 20 个中央专业主管机关的代表共 207 人。中心议题是研究《技术档案室工作暂行通则(草案)》。

1960 年

2 月 29 日

国务院批转国家档案局《技术档案室工作暂行通则》。

5月7日

国家档案局在北京召开技术档案工作经验交流会,建筑工程部建筑科学研究院在会上介绍了建立和开展技术档案工作的经验。

10月17～25日

东北、华北档案工作协作区城市基本建设档案工作会议在哈尔滨召开。国家建委、北京市规划局、黑龙江省建设厅和哈尔滨市城建局及黑龙江、吉林、辽宁、河北、山西、内蒙古、北京、上海、山东等九省、自治区、直辖市档案管理局(处)负责同志出席会议。会议讨论了《关于加强城市基本建设档案的初步意见(草稿)》。

11月3日

株洲市委批转市基本建设局党组、市档案管理处《关于集中统一管理城市基本建设档案向市委的报告》,同意成立"株洲市基建技术档案馆",并制定了《株洲市城市基本建设档案管理试行办法》。

1961年

1月27日

国务院批转国家档案局《关于加强管理城市基本建设档案的意见》和《关于如何加强管理城市基本建设档案的报告》。各省、自治区选择一至两个城市开展基建档案工作的试点。

5月23日

建筑工程部颁发《基本建设档案中竣工图编制问题的暂行规定》。

7月19日

中共中央批准试行《关于自然科学研究机构当前工作的十四条意见》。其中提出"建立专题技术档案"。

10月14日

国务院批转国家档案局《关于加强科学研究机构中技术档案工作的报告》。

10月16日

江苏省建设厅颁发《关于建立与健全市政工程设施技术资料档案的意见和办法》。

本年

◇河北省在天津、石家庄两城市开展基建档案的试点,并下发《加强城市基本建设档案管理工作的意见》。

1962 年

6月22日

国务院批转国家档案局《关于加强管理城市基本建设档案试行情况的报告》。

8月

江苏省人民委员会印发《关于加强城市基本建设档案管理工作的通知》。

10月

北京市成立人民大会堂基建档案收集整理领导小组,组织144名工程技术人员,历时4个多月,整理竣工图3199张。

11月9日

国家档案局在北京召开技术档案工作经验交流会,北京地区的工业企业、设计和研究单位领导,技术档案工作人员和工程技术人员1100多人参加。

11月29日

国务院批转国家档案局《关于加强对"下马"企业和"下马"工程档案管理工作的报告》。

11月

成都市委批转市档案处《关于开展城市基本建设档案试点工作的请示报告》,确定成立试点工作领导小组,制定《成都市城市基建档案管理暂行办法(草案)》,并在13个单位开展试点工作。

12月17～26日

全国档案工作会议在北京召开。曾三同志在讲话中指出:"技术档案应当实行按专业统一管理的制度,而不能实行按地区综合管理的制度。对技术档案工作的业务指导,则必须实行档案业务管理机关与专业主管机关相结合的方式。"

1963 年

4月

建筑工程部、国家档案局在上海联合举办小型技术档案图纸展览会。

11月21日

国务院批转国家档案局《关于切实改善图纸质量和图纸复制技术的报告》。

11月

国务院副总理聂荣臻在对国家档案局《关于切实改善图纸质量和图纸复制技术的报告》批示中指出:"……特别是重大工程的维修或遭受破坏后需要修复时,如无图纸,则无法进行。""由此,改进图纸质量和有关技术,改善保管条件,是一件大事情,不是一件小事情。"

1964 年

3月3日

中共中央、国务院批转国家档案局《关于进一步加强技术档案工作的报告》。

4月10日

国务院批转北京市人民委员会《关于人民大会堂基建工程档案整理工作情况和加强基本建设工程档案工作的报告》。批示中指出:"为了确保基建工程档案的完整、准确,今后必须改变基建工程不做竣工图的做法"。"各大中城市都要指定一个城市建设管理部门或城市规划管理部门,统一收集和管理全市重要工程的基建档案(包括竣工图);……城市基建工程档案工作,应由建筑工程部负责按专业统一管理;同时,国家档案局和各级档案业务管理部门应该加强对城市基建工程档案工作的检查、监督和业务指导"。

4月14日

中共中央和国务院原则批准国家科委主持制定的《1963～1972 科学技术发展规划(情报、图书、档案资料)》,由国家科委、文化部、国家档案局联合下发。

本年

◇上海市基本建设技术档案室成立。

◇北京市规划局与市建委、市档案局联合拟定《北京市城市基本建设工程档案总归口管理暂行规定》,于 1965 年颁发后,又指定市规划局负责筹备建立北京市城市建设档案馆。

1965 年

4月25日

江苏省建设厅、省档案管理局颁发《江苏省管理城市基建技术档案的暂行规定》。

5月21日

国家基本建设委员会颁发《关于编制基本建设工程竣工图的几项规定》。

5月29日

国家基本建设委员会、国家档案局联合发出《关于修建后方档案馆几点意见的通知》。

8月

北京市开展全市地下管线普查、补测建档,至 1966 年 4 月结束。

10 月 18 日

　　国家档案局副局长洛锋到南京市城建局检查城市基建档案工作,建议建造基建档案室新库房,以改善城建档案的保管条件。1968 年 8 月 23 日,新建 400 平方米库房竣工。

本年

　　◇国家档案局颁发《机关文书档案保管期限表(修正草案)》。
　　◇内蒙古自治区包头市作为全国基建档案工作的试点城市,在城建局内成立档案室,并制定分类大纲,筹建 100 平方米库房,收集整理基建档案 2677 卷。

1973 年

8 月 21 日

　　国家基本建设委员会颁发《关于基本建设项目竣工验收暂行规定》。

1975 年

10 月

　　北京市组织第二次地下管线普查建档会战。此次会战有 13 个单位 200 多人参加,历时一年,完成 916 公里地下管线普查补测任务。

1978 年

3 月 13 日

　　中国社会科学院规划办公室成立"档案学规划小组",起草《档案学八年(1978～1985)规划的初步设想》。

1979 年

4 月

　　国家档案局恢复工作。

8 月 18～29 日

　　全国档案工作会议在北京召开。提出档案系统拨乱反正的八字方针——"恢复、整顿、总结、提高"。

12月

国家档案局向国务院副总理、首都城市建设领导小组组长谷牧和北京市委书记林乎加呈递《关于城市基本建设档案管理问题的报告》。自此,拉开城建档案工作恢复整顿的序幕。

1980年

2月14日

中共中央、国务院批转国家档案局关于全国档案工作会议的报告时指出:"档案是历史的记录,是党和国家的宝贵财富。档案工作是一项很重要的专门事业,是实现社会主义现代化建设,开展历史研究,进行各项工作的必要条件。做好档案工作,不仅是当前工作的需要,而且是维护党和国家历史真实面貌的重大事业"。

6月

河北省承德市基本建设档案馆正式成立,并8月颁布《承德市城市基建档案管理条例(试行)》。

7月15~26日

全国科技档案工作会议由国家经委、建委、科委和国家档案局(三委一局)在北京联合召开。各省、自治区、直辖市和中央有关部门1000余人出席。会议总结了1960年以来科技档案工作基本经验和科技档案工作恢复整顿的情况,讨论通过了《科学技术档案工作条例》。

9月22日

国务院批准由"三委一局"(经委、建委、科委、档案局)颁布《科学技术档案工作条例》。

国务院批转"三委一局"关于全国科学技术档案工作会议的报告时提出:"城市基建档案是城市规划、管理、维修、扩建、恢复的依据。……大、中城市要以城市为单位,由市人民政府主管城建工作的领导人主持,由市建委或城建、规划部门成立城市基建档案馆,集中统一管理城市基建档案"。

12月9日

国家基本建设委员会、国家城建总局颁发《关于加强城市基本建设档案工作的通知》。

本年

◇河北省下发冀(1980)58号文,对各市基建档案的机构、人员、编制、经费来源等问题作出明确规定。

1981 年

1 月 24 日
国家档案局颁发《关于做好"下马"工程和"关停并转"企业档案的管理工作的通知》。

3 月 12 日
湖北省人民政府批转省建委、省档案局《关于建立基建工程项目档案的暂行规定》。

3 月 16 日
西安市基本建设档案馆经市政府批准正式成立。此前,西安市建委成立城建档案处。

3 月 31 日
经市政府批准,天津市基本建设档案馆成立。

5 月 23 日
国家档案局科技处时元第、佟兴基到华东地区调查城建档案工作。

5 月
北京市政府决定成立北京市基本建设档案馆,正式启动建馆的各项筹备工作。

6 月
上海市基本建设档案馆筹建组成立。

6 月 30 日
天津市建委、市档案局联合下发《天津市城市基本建设档案管理暂行规定》。

8 月
河北省第一次城建档案工作会议在承德召开。

9 月
国家建委、国家城建总局、国家档案局成立联合工作组,对部分省、市的基建档案工作展开调研。

10 月
成都市政府转发市规划局《关于加强城市规划管理的暂行规定》。《暂行规定》第七条:"建设单位埋设的地下管线,或其他隐蔽工程竣工后,必须在竣工一个月之内,将竣工图一式二份报市规划局备查。这类工程在领取施工执照时,应按工程造价的1%~5%交纳保证金,待竣工图报送后,如数退还,否则,即以保证金移作补测费用"。

11 月 12 日
湖南省政府办公厅颁发《湖南省城镇基本建设档案管理暂行办法》。

12月12~18日

国家建委、国家城建总局、国家档案局在长沙市联合召开第一次全国城建档案工作座谈会。北京、上海、天津等20个大中城市,铁道部、交通部、邮电部、电力部、国防部及湘、鄂、冀、豫4省有关城市规划、建设和档案部门共78位代表参加会议。会议讨论了城建档案工作一系列基本问题。

1982年

1月18日

国家建委、国家城建总局、国家档案局联合颁发《关于进一步加强城市基本建设档案工作的通知》。明确"各市应当在市人民政府主管城市基本建设的市长、副市长主持下,尽快把城市基建档案馆建立起来。城建档案工作,由市建委归口领导,城建档案馆的日常工作由哪个部门负责管理,各市可根据实际情况自行确定"。

2月6日

河北省建委、城建局、档案局联合下发《河北省城市基建档案管理办法(试行)》。

2月8日

国家建委颁发《编制基本建设工程竣工图的几项暂行规定》。

3月10日

国家档案局、国家建委、国家农委联合颁发《关于建立村镇建设档案的通知》。

6月14日

曾三同志给胡耀邦、邓小平写信,强调要重视城建档案,阐明管好现代化城市和应对战争,没有城建档案工作是危险的。6月24日,中共中央书记处书记胡启立批示:"城市建设工程档案很重要。没有完整的档案,不但战时,就是和平时期,城市建设和改造工作也无法进行"。8月2日,国家档案局将曾三的信与批示印发各地。

7月17日

城乡建设环境保护部(以下简称"城乡建设部")科学技术局颁发《标准规范技术档案管理办法(试行)》。

7月26日

城乡建设环境保护部向中央办公厅、国务院办公厅呈送《关于城建档案工作情况的报告》。

8月4~11日

城乡建设部、国家档案局在青岛联合召开第二次全国城建档案工作座谈会。京、津、沪和13个省、自治区及20个省辖市城建档案部门的负责同志79人出席。

会议着重研究了城建档案馆的建馆方针、任务和档案接收范围等问题。听取了成都市规划局、档案局关于预交竣工图保证金执行情况的汇报。

8月27日

北京市政府批转市建委、市档案局《关于进一步加强北京市城市基本建设档案工作的报告》，决定成立由主管城建副市长张百发任组长的"首都城市基建档案工作领导小组"，该机构设在北京市城建档案馆。

10月16日

城乡建设部、国家档案局转发《关于进一步加强北京市城市基建档案工作的报告》。

10月20日

江苏省建委、城建局、档案局联合颁发《江苏省城市建设档案管理暂行规定》。

10月25日

保定市建委、建设银行发出《关于编制基建工程竣工图报送竣工技术档案归档的通知》。明确"凡因不按规定报送竣工图，竣工技术档案未验收的工程，建设单位扣留该工程造价5%的尾款，在银行专户存储，同时限期编出竣工技术档案办理竣工验收，经办行收见竣工档案移交清单后再予以拨付"。

11月30日

中共中央书记处研究室印发第636期《情况简报》——"要重视城市建设档案"。

12月4~14日

全国档案工作会议在北京召开，会议总结1979年以来档案工作恢复、整顿的情况，标志档案工作恢复整顿任务顺利完成和开创档案工作新局面的开始。

12月27日

北京市召开城建档案工作会议，中顾委委员、中国档案学会名誉理事长曾三，城乡建设部部长李锡铭，北京市副市长张百发，国家档案局副局长李凤楼到会并讲话。

1983年

2月26日

国务院副总理万里在视察引滦入津工程时，要求工程建设中施工条件、开工日期、施工技术、施工质量等"都要记录在案，作为国家档案保存起来。……"

3月3日

吉林省建委、编委、财政厅、档案局联合发文，批准成立"吉林省城建档案馆"，这是全国第一个城建档案工作省级机构。

3月30日

城乡建设部、国家档案局印发中顾委委员曾三、城乡建设部部长李锡铭、国家档案局副局长李凤楼1982年12月在北京市城建档案工作会议上的讲话。

4月26日

国家档案局颁发《档案馆工作通则》。

4月

昆明市开展全市地下管线普查建档工作。

6月14日

北京市政府颁发《北京市城市建设档案管理规定》。

10月22日

吉林省城乡建设厅、省档案局、建设银行联合颁发《关于对列入基本建设计划的工程实行交付竣工图保证金的通知》。

11月21～27日

城乡建设部办公厅在开封市召开第三次全国城建档案工作座谈会,出席会议的有国家档案局科技处负责人及部分大中城市城建档案馆负责同志共40人。会议讨论修改了"城市建设档案管理条例"(征求意见稿)和《城市建设档案分类大纲(草案)》。

11月28日

江苏省建委下发《关于加强基本建设工程竣工图的编制和归档工作的通知》。

11月

中共中央书记处研究室编印第339期《情况通报》。刊登利用科技档案产生的经济效益实例和当前国家重点工程档案工作中存在的问题,并提出加强重点工程档案工作的意见。

1984年

1月5日

国务院颁布《城市规划条例》。《条例》第48条规定:"在城市规划区内的建设项目,建成竣工后,必须编制竣工图,并在建设项目竣工验收后6个月内,将竣工图报送城市规划主管部门,作为城市规划档案保存"。

1月18～20日

天津市召开城建档案工作会议,国家档案局副局长李凤楼出席会议并讲话。

2月18日

吉林省政府颁布《吉林省城市建设档案管理规定》。

3月

中共中央书记处研究室第361期《情况通报》详细阐述工程档案资料的概念和加强工程档案资料管理的重要作用,并指出当前重点工程档案工作应该解决的几个问题。

4月16日

城乡建设部办公厅印发《城市建设档案分类大纲》和"全国城建档案工作协作区划分方案"。

5月

新疆维吾尔自治区建设厅设立自治区城建档案馆(省级机构),并成立新疆城科会城建档案学术委员会。

6月10日

国家计委、国家档案局颁发《关于做好基建项目档案资料管理工作的通知》。

7月

昆明市成立"城市建设技术档案管理处"。

7月28日

城乡建设部、国家经委印发《工业污染源调查技术要求及其建档技术规定》。

8月28日

吉林省计委、省建设厅、省档案局印发《吉林省基建工程档案管理暂行规定》。

1985年

1月

城乡建设部档案处编印《城市建设档案工作文件选编》、《城市建设档案工作经验选编》和《城市建设档案工作基础知识》等资料。

2月8日

中共中央、国务院转发《关于调整我国档案工作领导体制的请示》,并批示:"档案工作是维护党和国家历史真实面貌的重要事业,是党和国家各项建设事业必不可少的环节"。

2月11日

国家档案局、劳动人事部颁发《地方各级档案馆人员编制标准(试行)》。

3月5~9日

全国城建档案工作第一协作区首次会议在长春召开,会议由吉林省建设厅主持,北京、天津、河北、内蒙古、辽宁、黑龙江、吉林等省、市、自治区建委主管城建档案工作的办公室主任、档案局业务处长、大中城市城建档案馆馆长共74人出席。会议内容有经验交流、学术探讨、论文评选。并商讨开创城建档案工作新局面等问题。

4月9日

交通部长江航务管理局就基建档案移交地方城建档案馆做出具体规定。

4月20～24日

国家档案局、国家计委在南京召开重点建设项目档案资料工作座谈会。铁道、交通、邮电等22个部门和苏、鲁、京等6个省、直辖市主管基本建设和档案工作的负责同志，扬子石化、上海宝钢工程指挥部等28个重点建设项目的代表共137人出席。会议原则同意国家档案局草拟的《基本建设项目文件材料归档范围》。

5月6日

河北省建设厅、计委、建设银行、档案局联合颁发《关于对城市建设工程实行交付竣工档案资料保证金的通知》。7月20日，城乡建设部办公厅向各地转发了这个"通知"。

5月10日

国家标准《档案著录规则》正式发布，并自1986年1月1日起实施。

6月10日

国家档案局颁发《基本建设项目文件材料归档范围》。

6月

辽宁省计委、城乡建设厅、建设银行、省档案局联合下发《辽宁省基建工程档案资料管理工作暂行规定》。

8月15日

江苏省编委批准建立"江苏省建设档案资料馆"，事业单位，编制5人。

8月26～31日

全国档案馆工作会议在北京召开。国务院副总理田纪云出席会议并讲话。

10月16日

城乡建设部办公厅转发国家档案局《关于认真贯彻执行田纪云副总理在全国档案馆工作会议上的讲话的通知》。

10月17日

城乡建设部向直属单位发通知，征求对"建设部和所属各单位档案全宗划分编号规定"的意见。

10月24～27日

全国城建档案工作第四协作区首次会议在长沙召开，由湖南省建委主持。四川、云南、广东、江西、贵州、广西、西藏、湖南等八省、自治区共81人参加。建设部办公厅副主任程振华出席会议并作会议总结。会议学习了田纪云副总理在全国档案馆工作会议上的讲话，听取典型经验介绍，讨论修改"城市建设档案管理条例"（送审稿），共商开创城建档案工作新局面。

11月10日

  陕西省建设厅、省档案局联合颁发《陕西省城市建设档案管理办法(试行)》。

11月15日

  英国档案工作者代表团一行6人,在国家档案局副局长冯子直及四川省、成都市档案局领导的陪同下,参观成都市城建档案馆。

11月16日

  上海市铁路局下发《关于上海铁路局城市范围内有关铁路基建档案进城建档案馆的通知》。明确"为满足城市规划和建设的需要,在城市范围内的铁路建筑物平面位置图、地下管线经路图向城建档案馆移交一份"。

11月23日

  国家档案局颁发《档案馆温湿度管理暂行规定》。

12月20~23日

  全国城建档案工作第三协作区首次会议在青岛市召开,山东省建委主持会议。江苏、安徽、河南、湖北、浙江、福建、山东和上海等地代表参加。建设部办公厅副主任程振华出席会议,并做会议总结。

12月30日

  湖北省建设厅、省档案局联合颁发《湖北省城市建设档案管理规定》。

12月30日

  北京市建委、档案局联合颁发《北京市城乡建设工程竣工档案管理实施细则》。

本年

  ◇安徽省成立城市建设档案学术委员会。
  ◇城乡建设部印发浙江省温州市城建档案馆"开源自养,艰苦创业"的建馆经验。
  ◇《中国档案分类法(试行)》,由全国文献工作标准化技术委员会第五分会审议通过。

1986年

2月7日

  国家档案局颁发《档案馆开放档案管理办法》。

2月7日

  国家档案局发布《各级国家档案馆收集档案范围的规定》。

2月27日

  城乡建设部、国家档案局联合颁发《档案馆建筑设计规范》。

3月1日

  云南省建设厅、编委、财政厅、档案局联合颁发《关于加快开展我省城建档案工作的通知》。

3月6~9日

全国城建档案工作第二协作区首次会议在西安市召开,由陕西省建设厅主持,山西、甘肃、青海、宁夏、新疆、陕西等六省、自治区共67名代表参加会议。陕西省政府办公厅副主任韩宝来、省市有关部门负责人、国家档案局和建设部档案处有关同志出席。会议学习了中央领导同志对城建档案工作的指示和田纪云副总理在全国档案馆工作会议上的讲话,听取15个单位的经验介绍和工作汇报,并交流论文。

5月7日

国家档案局转发《国家科委关于加强科学技术研究成果档案管理的通知》。

5月13日

国际档案理事会主席、联邦德国档案馆馆长汉斯·布姆斯博士偕夫人,在国家档案局副局长李凤楼陪同下参观南京市城建档案馆,并观看正在该馆举办的"南京市城建档案工作成果展览"。

9月1~4日

全国第一次城乡建设档案工作会议在呼和浩特市召开,28个省、自治区、直辖市城乡建设主管部门的领导和97个城建档案馆(室)负责人,国家档案局、省、市、自治区档案局的领导共205人出席。城乡建设部副部长廉仲做工作报告,会议讨论和修改了"城市建设档案管理规定(初稿)"与"城乡建设档案保管期限暂行规定(草案)"、"城乡建设档案密级划分暂行规定(草案)"等待颁规章。

9月17日

辽宁省建设厅、省档案局联合颁发《辽宁省城建档案管理暂行规定》。

11月19日

江苏省建设档案学会成立大会在扬州市召开。建设部办公厅副主任程振华,省建委、省档案局领导出席会议并讲话。

11月20日

天津市建委、市档案局转发市规划局《关于天津市城市建设档案馆接收城建档案实施办法》。

12月18~22日

第二次全国科技档案工作会议在北京召开。

12月

山西省城建档案馆(建设厅)正式成立。编制7人。

本年

◇天津市政府批转《天津市城市建设档案管理规定》。

1987 年

1月6日

城乡建设部向国务院办公厅报送《对"关于铁路工程竣工图进地方城建档案馆问题的请示"一文的意见》。提出铁路工程不宜仅向城建档案馆移交平面位置图和地下管线经路图。

3月5日

国家档案局颁发《编制全国档案馆名称代码实施细则》和《科学技术进步奖试行办法》。

3月18日

湖南省建委、省档案局颁发《湖南省重点建设项目档案管理暂行办法》。

3月20日

国家科委、国家档案局联合颁发《科学技术研究档案管理暂行规定》。

3月23日

城乡建设部印发《城乡建设档案工作"七五"计划》。

3月

湖北省城建档案研究会正式成立。

3月

济南市开展地下管线普查建档工作,至1990年5月结束。此次普查共采集各种数据200多万个,绘制专业管线图和综合管网图7000余幅。1991年10月通过建设部办公厅和国家测绘研究所等单位专家鉴定,认为从普查范围、测绘技术、成图精度等,均居国内领先水平。

4月8~14日

城乡建设部办公厅在江苏省南通市召开"城市建设档案管理规定"修改工作座谈会。参加座谈的有国家档案局三处和吉林、安徽、江苏等省分管城建档案工作的负责同志及北京、上海、武汉、西安等13个大中城市城建档案馆馆长。

6月6日

江苏省经委、省政府对外开放办公室、省档案局联合颁发《江苏省对外经济技术档案管理暂行规定》。

7月

安徽省城建档案学会创办的《安徽城建档案》不定期刊物开始出刊。

8月25~27日

全国城建档案工作第二协作区第二次会议在太原市召开,陕、甘、宁、青、新、山西六省、自治区共46名代表参加。山西省政府副秘书长范守同,建设部办公厅档案处、省市建设主管部门的同志出席会议。

8月27日

江泽民同志视察上海市档案局,在讲话中多次强调城建档案工作:"我对档案工作重要性认识的加深,是从市政建设工程中的管道问题开始的。""如果我们现在大量的工程竣工图跟不上或不准确的话,那么将来对我们的子孙后代遗患无穷。我们一定要对子孙后代负责啊!""我有这么一条建议,对于历史欠的旧帐,应该采取这么一个措施:必须临时调集一定的力量,把这个工作补做好,建委要下这个决心。""当然,关于城市基础设施竣工图以及地形图的完整,包括煤气管、自来水管这些管道档案的完整,还是应该由建委去领导。但是我认为,档案局应该加以督促。"

8月29日

国家档案局印发《档案库房技术管理暂行规定》。

9月5日

第六届全国人大常委会第二十二次会议通过《中华人民共和国档案法》,并颁布,自1988年1月1日起施行。

10月5日

国家档案局、国家物价局联合下发《关于利用档案收费有关规定的通知》(次年3月12日,国家档案局对上述规定下发了补充说明)。

10月

本溪市完成28.75平方公里地下管线普查测绘(1982年6月～1987年10月),其成果(1:500综合管网图460幅)获国家档案局1988年度科技进步三等奖。

11月8日

城乡建设环境保护部、国家档案局联合颁发《城市建设档案管理暂行规定》。

1988年

1月15日

城乡建设部办公厅颁发《城乡建设档案密级划分暂行规定》和《城乡建设档案保管期限暂行规定》。

1月19日

山西省建设厅、省档案局联合颁发《山西省城市建设档案管理规定》。

3月4日

国家测绘局、国家档案局联合颁发《测绘科学技术档案管理规定》。

3月17日

国家计委、国家档案局印发《基本建设项目档案资料管理暂行规定》。

6月

经北京市政府批准,北京市城建档案管理办公室恢复工作,与北京市城建档案馆一个机构两块牌子。

7月14日

河北省建委、省档案局颁发《河北省城市建设档案管理规定(试行)》。

9月15～20日

全国城建档案工作第三协作区第二次会议在芜湖市召开,建设部办公厅、国家档案局及省、市建委和档案部门的有关领导出席。会议以学习、贯彻《档案法》和《城市建设档案管理暂行规定》为中心,10位代表在会上发言,建设部办公厅副主任林家宁做会议总结。

10月26日

国家档案局、财政部联合颁发《开发利用科学技术档案信息资源暂行办法》。

11月4～7日

部分计划单列市城建档案馆负责人,在厦门召开"全国计划单列市城建档案工作协作网"筹备会。

11月18日

国家环境保护局、国家档案局联合颁发《环境保护档案管理暂行规定》。

11月22日

国家土地管理局、国家档案局联合颁发《土地管理档案工作暂行规定》。

12月12日

建设部城建档案工作检查组,开展《档案法》执行情况大检查。分二个阶段,历时75天,于1989年4月28日结束。抽查了北京、天津、上海、黑龙江、吉林、辽宁、江苏、安徽、福建、陕西、四川、广东、贵州、山东、河南等15个省、市、自治区的27个城建档案馆,并印发了"检查工作总结"。

12月13日

宁波市经济技术开发区建立"基建档案资料组",加强开发区基建档案的集中统一管理。

本年

◇北京市城建档案管理办公室、北京市城建档案馆编印《北京市编制城市地下管线工程竣工文件材料的具体要求和做法》。

1989年

1月

山东省城建档案学会成立。

1月25日
　　建设部办公厅决定芜湖市城建档案馆为全国中等城市现代化管理试点单位。
2月17日
　　建设部办公厅下发"关于填报《城建档案工作基本情况统计年报》的通知",建立了全国城建档案事业的统计工作。
3月
　　全国计划单列市城建档案工作协作组主办的《城建档案》(后更名为《城建档案通讯》)出刊,这是我国城建档案工作第一份内部刊物。
3月22日
　　国家标准《技术制图复制图的折叠方法》正式发布,自1990年1月1日起实施。
4月12日
　　国家档案局副局长李凤楼一行4人到哈尔滨市城建档案馆检查工作。
4月18～21日
　　全国城建档案工作第四协作区第二次会议在成都召开。建设部办公厅副主任刘锡庆,四川省政府副秘书长黄文驰和省市建设主管部门、档案部门的有关领导出席并讲话。会议深入学习《档案法》,讨论城建档案工作的发展,制订协作区活动规划。
6月20日
　　山西省建设厅颁发《山西省城市建设档案工作规范(试行)》。
7月19日
　　建设部办公厅委托北京、芜湖等市城建档案馆开始修订1984年颁发的《城市建设档案分类大纲》,并向各省、自治区、直辖市建委(建设厅)发通知征求修订意见。
8月18～23日
　　全国城建档案工作第二协作区第三次会议在乌鲁木齐市召开。特邀北京、上海、大连、南京、成都、芜湖等市城建档案馆馆长参加。建设部办公厅副主任刘锡庆,自治区和乌鲁木齐市建设主管部门和档案部门的有关领导出席并讲话。
8月21日
　　国家档案局三司和建设部办公厅联合下发通知,决定成立"城建档案馆业务工作规范"编写组,制定了编写计划,并先后在苏州、秦皇岛、昆明召开三次研讨会。后因故未能出台。
8月29～31日
　　中国城科会城建档案信息研究会筹备组第一次会议在山西省太原市召开。筹备组由9人组成。会议讨论修改了《城建档案学会章程》,着重研究了学会性质、宗旨、任务和理事会组成原则及名额分配等。

9月13日

建设部办公厅就芜湖市城建档案馆"现代化管理试点方案报告"复函安徽省建设厅,原则同意《关于实施现代化管理方案的报告》。同时决定成立课题领导小组,组长刘锡庆,副组长刘思雄、宋忻福,组员王淑珍、王名轸、曹友敬、王孝海。

9月

建设部信息中心成立。

10月15日

宜昌市建委、城建档案馆、土木建筑学会共同举办"宜昌市城市建设巡礼影展"。

10月25日

国家标准《照片档案管理规范》、《科学技术档案案卷构成的一般要求》正式颁布,自1990年7月1日起实施。

10月28日

建设部、国家档案局在苏州召开"城建档案馆业务工作规范"编制会议。

11月21日

建设部、国家保密局颁发《关于建设工作中国家秘密及其密级具体范围的规定》。

11月24日

建设部办公厅决定组织编写《城建文件材料基本知识》和《城建档案管理学》两本教材,并成立编委会。编委会主任:王淑珍,副主任:刘巨普、李忠谋,委员:王贤琛、王孝海、刘延龄、李尧祖、李淦民、陈希跃、吴珍英、贾玉秀、李鸿盛、王国光、杜春昊、许敏士、方传让、张天琪、刘昆吾。

12月9日

国务院办公厅转发国家档案局《关于进一步加强档案事业建设的报告》。

12月15日

陕西省城建档案学会成立。建设部办公厅档案处发去贺电。

12月22日

建设部办公厅决定组织编写《中国城建档案主题词表》,北京、天津、上海、济南、徐州、南京、合肥、苏州、芜湖等城建档案馆为参编单位。

12月26日

第七届全国人大常委会第十一次会议通过《中华人民共和国城市规划法》,自1990年4月1日起施行。《规划法》第38条规定:"城市规划区内的建设工程,建设单位应当在竣工验收后6个月内向城市规划行政主管部门报送有关竣工资料"。

1990 年

2 月 7 日

中国城市科学研究会批准成立"中国城科会城建档案信息研究会"。

2 月 20 日

天津市建委、市档案局印发《天津市工程管线档案管理细则》。

4 月 3~5 日

中国城科会城建档案信息研究会筹备组第二次会议在北京召开,讨论修改研究会《简则》,产生第一届委员、顾问候选人(单位)名单,审议第一届学术讨论会论文参考题目。

4 月 7 日

建设部办公厅转发国家档案局《关于认真学习江泽民同志讲话的通知》。

4 月 15 日

第十一期全国市长研究班 52 位市长到芜湖市城建档案馆参观考察。

5 月 18 日

《中国城市导报》社社长黄世华等一行到哈尔滨市城建档案馆参观考察。

8 月 29 日

建设部办公厅下发《关于认真贯彻国务院办公厅转发国家档案局"关于进一步加强档案事业建设的报告",进一步加强城建档案工作的通知》。

9 月 12 日

建设部办公厅转发湖北省建设厅《关于进一步加强城市建设竣工档案保证金管理的通知》。

9 月 30 日

国家档案局向国家机构编制委员会报告,对建设部三定方案中"管理城市建设档案工作"提出疑义,认为"法律依据不足"。

10 月 15 日

河北省编委发文批准成立河北省城市建设档案馆。

10 月 20 日

黑龙江省建委、档案局、计委、物价局、财政厅、建设银行六部门联合颁发《关于黑龙江省城建档案管理实施办法的通知》。

10 月 20~22 日

中国城科会城建档案信息研究会筹备组第三次扩大会议在山东威海市召开,决定增补 1 名顾问、11 名委员候选人,审议研究会工作报告、计划,审定会员资格和会员收费办法,审定在成立大会上宣读的论文,并确定研究会成立大会召开的时间、地点等。

10月30日

经国家机构编制委员会第八次会议审议批准的建设部"三定"方案,办公厅职能包括:管理城市建设档案工作,负责管理机关文书档案,对部直属单位的档案工作进行业务指导。

11月2日

国家档案局局长冯子直到西安市城建档案馆检查工作并题词。

11月14日

赞比亚国家政治博物馆馆员马扎布卡在国家档案局外事处副处长徐玉清陪同下,到南京市城建档案馆参观考察。

11月19日

国家档案局发布《中华人民共和国档案法实施办法》。

11月30日

国家档案局科技档案管理司在北京召开城市建设档案工作座谈会。

11月

全国城建档案工作第三协作区第三次会议在郑州召开。

12月

四川省泸州市城建档案馆研制的"城建档案电子计算机管理信息系统"通过市科委鉴定。这是全国较早开发的城建档案计算机管理系统。

12月10～13日

中国城市科学研究会城建档案信息研究会成立大会在陕西西安市召开。建设部办公厅副主任刘锡庆到会并讲话,建设部副部长周干峙、中国城市科学研究会、中国人民大学档案学院给大会写了贺信。出席会议的代表共122人。大会通过了《城建档案信息研究会简则》、《城建档案信息研究会筹备工作报告》,选举产生了由82人组成的第一届委员会和14人组成的常务委员会。有9位代表在会上宣读了论文。

12月16日

全国计划单列市城建档案工作协作组在武汉正式成立。

1991年

2月2日

参加中美城市管理讨论会的美国代表团一行7人到武汉市城建档案馆参观考察。

2月

中国城科会城建档案信息研究会编辑印发《成立大会专辑》。

2月25日

建设部办公厅向国家档案局回复《关于对"全国档案馆设置原则和布局方案"意见的函》,重申"城建档案馆是市人民政府所属的科学技术事业单位,由主管城市建设的部门直接领导"。

3月28日

蒙古人民共和国国家档案代表团一行3人,在国家档案局丁文进副司长陪同下,到北京市城建档案馆参观考察。

3月31日

建设部办公厅转发黑龙江省六部门联合颁发的《关于黑龙江省城建档案管理实施办法的通知》。

4月4日

国家重点建设项目(工程)档案工作经验交流会在北京召开。

4月

中国城科会城建档案信息研究会现代化管理组第一次年会在深圳市召开。会议探讨了城建档案计算机管理、缩微技术和光盘存储技术等。

5月6日

国家档案局科技档案司司长荷文到武汉市城建档案馆检查工作。

5月7～10日

全国城建档案工作第四协作区第三次会议在昆明召开,建设部档案处及协作区省、市有关部门的负责同志出席。

5月15～18日

中国城科会城建档案信息研究会法规建设组第一次年会在江苏常州市召开,16人出席。会议邀请南京大学文献情报系教师讲授档案法学有关理论,讨论城建档案法规体系和层次结构,分析城建档案法规建设现状,明确法规组的任务,安排当年工作计划。

5月25日

全国人大常委会副委员长廖汉生为洪湖市城建档案馆题写馆名。

5月28日

国家档案局、国家科委、建设部联合颁发《科学技术事业单位档案管理升级办法》。

5月28～30日

全国城建档案工作第一协作区第二次会议在辽宁鞍山市召开。建设部办公厅档案处、国家档案局三司及辽宁省、鞍山市有关领导出席会议并讲话。会议交流了经验,评选优秀论文,研究今后工作的思路。

5月30日

国家档案局下发《关于中央、国家机关档案机构主要职责范围与业务管理权限的意见》。

6月25日

国家人民防空办公室、国家档案局联合颁发《人民防空档案管理暂行规定》。

6月25～27日

中国城科会城建档案信息研究会声像档案组第一次年会在辽宁本溪市召开。会议讨论"城建声像档案工作规范",拟定"声像档案分类大纲,"研究编辑"中国城建档案十年"画册和举办摄录像培训班等问题。

6月28日

福建省第七届人大常委会第二十二次会议审议通过《福建省实施"中华人民共和国城市规划法"办法》。《办法》第五十三条规定:"在核发建设工程规划许可证之前,建设单位和个人必须向城建档案馆(室)交纳'竣工资料保证金'。建设工程竣工验收后6个月内,向城市规划行政主管部门和城建档案馆(室)报送有关竣工资料,领回竣工资料保证金"。

6月

中国城科会城建档案信息研究会法规建设组在对全国70多个省、市开展法规情况调查后,拟定了《城建档案法规体系建议方案》。

7月2～3日

《城建档案分类大纲》专题研讨会在河北秦皇岛市召开,有18个市城建档案馆参加,会议形成了《大纲》修改稿。

9月3～5日

中国城科会城建档案信息研究会档案管理组第一次年会在辽宁沈阳市召开,19人出席。主要议题:讨论管理组工作计划,草拟"城建档案案卷构成的一般要求"。

9月20～21日

由芜湖市城建档案馆和浙江大学联合开发的"城建档案计算机综合通用管理系统"通过部级鉴定。建设部科技司负责鉴定的组织工作,鉴定委员会由国家档案局、中国人民大学、中央档案馆、空军档案馆、安徽省档案局等单位的专家组成。该成果获1992年度建设部科技进步三等奖。

10月

衡阳市成立由市计委、科委、建委、城建局、房地局、国土局、档案局、规划处、建筑管理处、城建档案馆等单位负责人组成的"衡阳市城建档案协调指导委员会"。分管城建工作的副市长李湘源任协调指导委员会主任,办公室设在城建档案馆,负责协调委员会日常工作。

10月25日

济南市地下管线普查建档成果通过建设部和国家测绘研究所鉴定。此项工作自1987年3月开始,历时3年完成。

10月25日

全国首次城建声像档案人员培训班在湖北宜昌市举办,有66名学员参加培训。

11月11~13日

全国城建档案工作座谈会在广州召开,会议讨论了城建档案工作管理体制,城建档案馆的性质、职能,城建档案接收范围,省级机构的建立及小城市建馆等问题。会议期间召开了城建档案信息研究会常务委员会第一次年会,总结研究会成立一年来的工作,对研究会各学组进行了调整,并讨论了下一年度的工作。

12月26日

国家档案局颁布《各级国家档案馆开放档案办法》,于1992年7月1日起施行。

12月

中国城科会城建档案信息研究会会刊《城建档案》试刊。

本年

◇南斯拉夫档案代表团到上海市城建档案馆参观考察。

1992年

1月15日

计划单列市城建档案协作组会议在黑龙江哈尔滨市召开。

1月15日

芜湖市城建档案馆与安徽省师范大学合作研制的"档案文件微波保护处理机"通过省级鉴定。

1月27日

国家档案局下发《全国档案馆设置原则和布局方案》。

3月6日

建设部部长侯捷接见计划单列市城建档案馆的代表。7日,侯部长和办公厅主任车书剑与北京市和计划单列市的馆长合影留念。

3月19日

建设部办公厅下发《关于进一步加强城建档案工作的通知》。

3月23日

建设部办公厅与中国人民大学档案学院首次联合举办城建档案业务培训班,

29个省、自治区、直辖市的县以上各级从事城建档案工作的在职人员约200人参加培训。

4月10日

全国城建档案工作座谈会在天津召开。讨论编辑"发展中的中国城建档案事业"画册的有关工作。4月22日,建设部办公厅下发《关于继续做好"发展中的中国城建档案事业"画册组稿编辑工作的通知》,并决定扩充编委会,聘请侯捷、干志坚、刘国能等领导担任顾问。谭克文、车书剑为主编,刘锡庆、郝圣锟、王淑珍为副主编,调整和增加各地编委成员。

4月22~24日

中国城科会城建档案信息研究会理论组首次年会在江苏无锡市召开,讨论近期理论研究的12个课题,确定了两个主要议题:新形势下城建档案工作如何深化改革;论证城建档案馆档案接收范围。

5月5日

国家档案局发出"关于建议停止执行《城市建设档案管理暂行规定》的函"。5月18日建设部办公厅复函国家档案局,建议在新的《管理规定》出台后,再停止执行《暂行规定》。

5月6日

国家档案局印发《建设项目(工程)档案验收办法》。

5月12日

济南市政府第40号令发布《济南市地下管线工程档案管理办法》,这是全国第一部以市政府令形式颁发的城建档案工作行政规章。

5月20~23日

建设部办公厅在芜湖市召开"城建档案计算机综合通用管理系统"成果推广会。

5月26~30日

全国城建档案工作第三协作区第四次会议在江苏无锡市召开,建设部办公厅档案处、秘书处和江苏省、无锡市有关部门的领导出席会议并讲话。会议除交流工作情况和经验,还讨论了城建档案工作深化改革及提高人员素质等问题。

6月8日

建设部办公厅下发《关于成立城建档案工作办公室的通知》,决定在办公厅内设全国城建档案工作管理机构。建设部城档办的职能为:制定全国城建档案工作的发展规划、计划和各项规章;指导全国城建档案工作的开展;负责档案人员的培训和指导学术研究与交流等。

6月23~29日

中国城科会城建档案信息研究会档案管理组第二次年会在四川成都市召开,会议讨论了"城建管理档案的整理"、"建设工程竣工档案的整理"、"城市建设档案分类大纲"及档案管理组活动章程等。

6月24日

江西省城建档案工作办公室成立。

6月26日

江苏省吴县有关部门决定将城建档案室并入县档案馆。建设部7月1日致函江苏省建委,重申城建档案馆(室)应隶属各级建设主管部门,吴县城建档案室应隶属吴县城建局。

6月29日

建设部办公厅致函国家档案局,对"城市建设档案馆接收与收集城建档案资料范围的规定(征求意见稿)",提出意见。

7月1日

建设部办公厅下发通知,征求对"城市建设档案和城建工程竣工资料进馆范围的规定"和《城市建设档案分类大纲》的修改意见。

7月10日

国家档案局就建委档案进馆问题批复银川市档案局,明确:"综合馆和城建档案馆在接收范围问题上发生抵触时,城建档案馆可接收有关档案复制件,原件仍需按规定向综合档案馆移交"。

8月7日

建设部办公厅批复中国城市科学研究会,同意中国城科会城建档案信息研究会创办会刊《城建档案》杂志。

8月21～23日

中国城科会城建档案信息研究会第一届常委会第二次会议(扩大)在河北承德市召开。研究学会如何适应改革开放的新形势做好各学组的工作;拟定近期研究课题和论文评奖办法;讨论城建档案资料的接收范围等。

9月1～3日

中国城科会城建档案信息研究会法规建设组第二次年会在山西太原市召开。江苏省代表法规组做"关于建立城建档案法规体系的调研报告",讨论并通过"城建档案法规体系建议方案"。

9月

大型画册《中国城建档案事业》印制完成。

9月25日

"上海市开发区建设工程档案规范化管理"课题,通过市科委组织的专家鉴定。1993年7月获市科技进步三等奖。

10月1日

北京市城建档案馆顾问、原副馆长刘巨普荣获政府特殊津贴待遇。

11月17~26日

全国第二期城建档案人员业务培训班在福州、厦门举办。

11月25日

云南省第七届人大常委会第二十七次会议审议通过《云南省城市规划管理条例》。《条例》第三十七条规定:"建设单位在工程开工前必须向城市建设档案部门交纳工程竣工档案保证金;建设单位在建设工程竣工验收后6个月内,必须向城市建设档案部门报送工程竣工档案;城市建设档案部门接收合格的工程竣工档案后,及时退还工程竣工档案保证金"。

本年

◇国家档案局颁发《档案工作基本术语》。
◇国家档案局颁发《科学技术研究课题档案管理规范》。
◇国家档案局颁发《档案馆指南编制规范》。
◇江苏省建委、省档案局印发《江苏省市级城建档案馆定(升)级试行办法》。
◇吉林省建设厅印发《城市建设档案业务工作规范》。

1993年

1月3日

国家档案局、国家计委、对外经济贸易部联合下发《关于加强境外投资、承包工程、设计咨询、技术合作和劳务合作项目档案工作的通知》。

1月5~7日

由黑龙江省建委牵头,东北三省城市规划、勘察及城建档案工作研讨会在哈尔滨召开。

2月4日

江苏省建委下发《关于加强开发区建设档案工作的通知》。

2月6~8日

西班牙著名建筑师博菲尔先生的作品在新落成的广州市城建档案馆展出。

2月13日

济南市建委和市城建档案管理办公室举行工程档案监察证颁发仪式,市委副书记、副市长谭永青到会讲话。

2月16日

安徽省建设厅、省档案局联合颁发《安徽省城建档案管理试行办法》。

2月18日

建设部办公厅下发《关于使用新"城建档案工作统计年报"的通知》,决定从

1992 年度起,开始使用新的年报表,原年报表停止使用。
2月
中国城科会城建档案信息研究会会刊《城建档案》由试刊成为正式刊物。
3月10~12日
计划单列市、直辖市城建档案工作协作组第三次会议在广州、深圳召开,会议着重研究城建档案馆开办"三产的相关问题"。
3月15日
甘肃省城建档案工作办公室成立。
4月17日
巴基斯坦档案代表团到北京市城建档案馆参观考察。
4月
第三期城建档案人员业务培训班在福建厦门市举办。
5月5日
国家档案局"档案管理现代化设想"课题组到北京市城建档案馆调研。
5月12日
新疆维吾尔自治区建设厅下发《关于在机构改革中城建档案管理工作的意见》,强调"城建档案工作必须由市城建主管部门领导"。
5月18~26日
首届全国城建档案馆馆长研讨班在江苏常熟市举办,56名馆长参加,研讨专题有:公共关系学在城建档案工作中的运用(福州李新泉副馆长主讲);如何当好馆长(抚顺刘菊芳馆长主讲);开办第三产业,发展壮大城建档案事业(北京苏文副馆长主讲)。
5月27日
江苏省建委、省档案局联合颁发《江苏省城建档案案卷质量标准》。
5月29日
山西省重点建设项目档案工作会议在太原市召开。
6月
原建设部部长叶如棠题写书名,《城建档案工作概论》由中国建筑工业出版社正式出版。
6月8日
浙江省建设厅、省档案局联合下发《关于加强开发区城建档案工作的通知》。
6月14日
国务院副总理邹家华到北京市城建档案馆听取首都国际机场航站区扩建设计方案汇报。

6月25日

四川省建委下发《关于加强开发区城建档案管理工作的通知》。

7月4～17日

建设部首次组织城建档案工作代表团,一行37人赴美参加"中美城市建设和市政工程档案管理研讨会"。

7月5日

建设部部长侯捷接受《城建档案》杂志副主编樊建平的采访。

7月22～24日

全国城建档案工作第二协作区第四次会议在甘肃兰州市召开,建设部城档办,甘肃省、兰州市有关领导出席并讲话。

8月7日

建设部办公厅印发《城市建设档案分类大纲(修订稿)》。从1994年起实行。1993年以前的城建档案,仍按1984年颁发的《大纲》执行。

8月9～14日

中国城科会城建档案信息研究会档案管理组第三次年会在山西太原市召开,会议总结过去一年的工作,交流论文,讨论城建档案各种表格的规范化、标准化和检索工具编制等。

9月

中国城科会城建档案信息研究会第一届常委会第三次会议在北京召开,会议总结了过去一年的工作,研究当前工作中存在的问题及改进措施。批准全国城建档案首届优秀论文评选委员会人选和评审办法、评定标准。会议增补周正德同志为研究会副秘书长。

9月16～18日

开发区建设档案研修班在上海市举办,有19个省38个城市的59名代表参加。

9月15～19日

全国首届城建档案优秀论文评选在北京举行,收到29个省、自治区、直辖市和中国人民大学档案学院参评论文共260篇,评出二等奖10名,三等奖26名。一等奖空缺。未评上等级的论文颁发"优秀论文奖"和"佳作奖"证书。

9月21～22日

广东省城建档案研究会成立大会在珠海市召开。

9月25～27日

四川省城科会城建档案信息专业委员会成立。

10月6日

沈阳市城建档案馆和清华大学高电光盘技术开发公司合作研制的"城建档案

和工程图纸光盘网络管理系统",通过鉴定。

10月6～8日

中国城科会城建档案信息研究会声像档案组第二次年会在江苏徐州市召开。会议讨论了"城市建设声像档案管理规定(草稿)"和"城市建设声像档案分类方法(草稿)",并交流和评选论文。

10月6～8日

全国城建档案工作第四协作区第四次会议在广东湛江市召开。

10月12～16日

中国城科会城建档案信息研究会法规建设组第三次年会在湖南衡阳市召开。会议交流了论文,讨论由南京馆起草的"建设工程档案评优办法",再次讨论城建档案工作法规体系的建设问题。

10月20～23日

全国城建档案工作第一协作区第三次会议在北京召开。建设部办公厅副主任刘锡庆出席并讲话。会议交流工作经验,评选优秀论文,讨论当前城建档案工作有关问题。

12月15～18日

第二次全国城建档案工作会议在北京召开,出席会议的有各省、自治区、直辖市建设主管部门的分管领导和部分城建档案馆馆长140余人。建设部副部长叶如棠、毛如柏分别做工作报告和大会总结,国家档案局副局长刘国能到会并讲话。会议讨论和修改了"城建档案案卷质量标准"等三个规范性文件,首次表彰56个先进集体,107名先进个人和16名关心、支持城建档案工作的领导。

12月16日

《城建档案》杂志编委会议在北京召开,办公厅副主任刘锡庆主持。

本年

◇本溪市城建档案馆研制开发的"本溪市城建信息自动化管理系统"获市科技进步二等奖。

1994年

2月16日

四川省攀枝花市市民秦万祥致信市城建档案馆黄桂容馆长,愿将自己保存的两本档案资料赠给市城建档案馆。

4月15～16日

昆明市城建档案馆和建设电子信息工程公司合作研制开发的《昆明市城市综

合管网管理系统》通过建设部组织的技术鉴定。

5月7~12日

全国第二届城建档案馆馆长研讨班在广西桂林市举办,50多名馆长参加。西安市张鸿英馆长主讲"城建档案接收方式与对策",济南市杜春昊馆长主讲"城市地下管线普查建档工作的组织与领导",昆明市方传让馆长主讲"城建档案馆与城市建设信息中心",福州市李新泉副馆长主讲"城建档案工作部门行政管理职能探讨"。

6月28日

安徽省政府颁布《安徽省城市建设档案管理办法》。

6月

由建设部城建档案工作办公室组织编写的《城市建设与城建文件材料》一书由中国建筑工业出版社正式出版。

8月31~9月7日

北京市城建档案馆苏文副馆长参加"大陆档案工作者代表团",赴台湾参加海峡两岸档案管理暨缩微技术交流会,苏馆长做题为"城建档案管理范围及管理体制"的发言。

9月19日

湖南省建委、计委、档案局联合颁发《湖南省开发区档案管理暂行办法》。

9月23日

建设部办公厅下发《关于加强工程档案资料保证金管理的通知》。《通知》要求:工程验收结束,建设单位按规定报送工程档案后,保证金必须及时如数退还;工程档案保证金由各市城建档案馆(室)专户存储,不得挪作他用;工程档案保证金交押期间的利息只能用于发展城建档案事业;要严格执行财务制度,自觉接受财政部门的监督。

9月

中国城科会城建档案信息研究会法规组第四次年会在山东泰安市召开。会议讨论修订"城市建设档案管理规定(征求意见稿)",研究近期城建档案法规建设提纲,并交流论文。

9月

中国城科会城建档案信息研究会声像组第三次年会在湖北武汉市召开。本溪市城建档案馆汇报了声像组工作及活动情况,观摩了19个城市选送的20部(集)反映城市建设的电视专题片,并交流经验。

9月25~10月13日

建设部城建档案工作考察团一行13人赴美学习考察。

10月9日

甘肃省第二次城建档案工作会议在平凉市召开,省城建档案专业委员会同时成立。

10月18～23日

合肥市城建档案馆为纪念建馆10周年,特举办"沧桑巨变——合肥市城市建设历史写真展"。

11月11日

山东济南市市长谢玉堂签署市政府第83号令,发布《济南市城市建设档案管理办法》。

11月18～20日

全国城建档案工作第三协作区第五次会议在福州市召开。8省、直辖市建委(建设厅)及部分城建档案馆的代表参加。建设部办公厅档案处、主办省市建委、档案局的有关领导出席会议并讲话。会议除交流工作情况和经验,还着重讨论城建档案馆接收工程档案原件的问题。

11月23～25日

中国城科会城建档案信息研究会理论组在上海召开年会。会议交流了论文,探讨在市场经济条件下的城建档案工作,城建档案馆的定性、定位和发展方向,城建档案的特色及现代化管理等理论问题。

12月6～7日

中国城科会城建档案信息研究会常委会在天津召开。总结4年来的工作;研究换届选举的有关事宜;提出调整各专业组和改变其活动方式的建议方案;研究办好会刊等事宜。

12月21日

山西省城建档案工作现场会于21日和27日先后分别在榆次市和临汾市召开。

12月24日

黑龙江省城建档案工作会议暨城建档案协会成立大会在哈尔滨市召开。

本年

◇建设部在机构改革中,下发"关于解决部内有关司局业务交叉问题的意见",明确:"办公厅负责部属单位的档案业务指导工作,归口管理全国城建档案工作;各地房地产、规划档案属城建档案范畴,应接受城建档案部门的业务指导。各地规划和房地产档案的具体管理办法,由各地规划、房地产、城建档案部门协商,报地方建设行政主管部门确定,建设部不做统一规定"。

◇山西省临汾市建委根据《临汾市城市建设档案管理办法》,为20名培训合格的城建档案执法人员颁发了"行政执法证",规定执法人员统一着装,佩"城建监察"臂章。

1995 年

1月17日

建设部部长侯捷在全国建设工作会议报告中讲:"当前,城市建设正处于一个快速发展时期,要加强城建档案的收集与管理,要管好工程档案保证金,加快城建档案管理现代化步伐,更好地为城市规划建设管理服务。"

2月11日

山东省建委颁发《山东省城市建设档案管理办法》。

2月16～17日

安徽省建设工作会议与全省城建档案工作会议在合肥市同时召开。会上,副省长王秀智指出:"没有健全的城建档案,就不可能规划好、建设好一个现代化的城市,也没法管理好一个现代化城市。"

3月8日

山东省建委下发《关于加强城市地下管线档案管理的通知》。

4月3日

建设部办公厅向国家档案局政策法规司发出《关于对〈档案法〉修正案意见的函》,建议在修订《档案法》时,应增加:"科技档案工作必须按专业实行统一管理,各级专业主管部门应加强对档案工作的领导"。

4月5日

建设部城建档案工作办公室制定《城建档案工作"九五"计划》。

4月12～16日

全国第三届城建档案馆馆长研讨班在广东珠海市举办,30个省、自治区、直辖市的60多名馆长参加。福州、武汉、上海、济南、南京、芜湖等城建档案馆馆长分别进行不同专题的讲座。研讨班还讨论了全国城建档案工作"九五"计划。

4月16日

《参考消息》刊登《香港联合报》3月22日一篇题为"上海城建档案残缺,市政建设受阻"文章,引起上海市各界和各地城建档案工作者的关注。

5月10日

建设部下发《关于做好开发区城建档案管理工作的通知》,强调各地城建档案馆要对所在市各级各类开发区的城建档案实行统一管理。

5月16～25日

建设部城建档案工作办公室,在烟台建设培训中心举办《城市建设与城市建设文件材料》短期培训班。

5月23日

江苏省建委、国家重点项目建设领导小组办公室联合下发《关于进一步加强建设工程档案管理工作的通知》。

5月28日

黑龙江省建委、省档案局联合颁发《黑龙江省城市建设声像档案管理暂行规定》。

6月6~8日

中国城科会城建档案信息研究会档案管理组第四次年会在山东青岛市召开。

6月30日

国家档案局、国务院特区办、国家科委联合下发《开发区档案管理暂行规定》。

7月11~13日

江苏省建委在无锡市召开城建档案现代化管理座谈会。

7月19日

朝鲜民主主义人民共和国国家文献部副部长李之树率团一行4人,到南京市城建档案馆参观访问。

7月20日

建设部办公厅印发《关于加强建设部直属单位档案工作的几点意见》和《建设部直属单位档案工作协作组章程》的通知。

7月31日

建设部下发"关于执行建设部《市政工程施工技术资料管理规定》的补充通知"。

8月4日

建设部部长侯捷到大连市城建档案馆检查工作。

8月23日

建设部副部长毛如柏到北海市城建档案馆检查工作。

8月29~31日

全国"城市市政设施普查与建档工作经验交流会"在山东济南市召开,各省市建委有关部门的负责同志和部分城建档案馆馆长约90人参加,会议研究了市政设施普查的后期管理与归档工作,总结交流普查与建档工作的经验。建设部副部长李振东、办公厅副主任郝圣锟、计财司副司长秦玉文出席会议并讲话。会议期间,李振东副部长还参加了12个省、市城建档案馆馆长座谈会。

9月8日

四川省建委、省档案局联合颁发《四川省城建档案管理规定》。

9月12日

国家档案局副局长刘国能到大连市城建档案馆检查工作。

9月19日

建设部常务副部长叶如棠、部办公厅主任车书剑到大连市城建档案馆检查工作。

9月19~25日

"城建档案计算机综合通用系统"培训班在安徽芜湖市举办。

9月

建设部城市建设信息中心组建工作会议在辽宁大连市召开。

10月10日

云南省城建档案学会成立大会在昆明市召开。

10月18日

泉州市建设信息中心成立,这是全国第一个依托城建档案馆组建的城市建设信息中心,与市城建档案馆一个机构两块牌子。

10月18~21日

中国城科会城建档案信息研究会声像组第四次年会在海口市召开,研究制定城市建设专题电视片编制标准,观摩交流城建专题电视片。

11月8日

建设部办公厅就城建档案保证金问题复函安徽省建设厅,指出工程档案保证金不是乱收费,是为确保各建设单位及时向城建档案馆报送完整、准确的工程档案资料而采取的行之有效的制约手段。

11月24~26日

全国城建档案工作第三协作区第六次会议在浙江杭州市召开。建设部城档办,主办省市建设主管部门和档案部门的有关领导出席会议并讲话。会议重点讨论了开发区城建档案管理和城建档案现代化管理等问题。

12月2日

建设部办公厅颁发《城市建设档案案卷质量规定》。

12月11日

山西省技术监督局批准颁布《山西省城市建设档案业务技术标准》,这是全国第一个由技术监督部门批准的城建档案工作地方行业标准。

建设部城档办印发《城市建设档案主题词表》。

12月12日

中国城科会城建档案信息研究会第二届会员代表大会在广西北海市召开。会议讨论通过了《中国城科会城建档案信息研究会简则》、《中国城科会城建档案信息研究会会费管理办法》,并以无记名投票选举产生第二届委员会。建设部办公厅副主任郝圣锟当选主任委员。会议还交流论文并提出"城建档案学术研究'九五'计划建议"。

本年

◇保定市城建档案馆与市档案局合作完成的科研项目《库房墙体围护结构温湿度定量关系》,获国家档案局科技进步三等奖。

◇大连市城建档案馆开发完成"大连市城市规划建设管理信息系统"。

◇辽宁省建设厅成立城建档案工作管理办公室,与规划处一个机构两块牌子。

1996 年

1 月 23 日

建设部办公厅转发《上海市建设工程竣工档案的编制及报送规定》。

2 月 9 日

辽宁省城建档案协会成立大会在沈阳市召开。

3 月 1 日

宁夏自治区人民政府发布《宁夏自治区城建档案管理办法》。

3 月 14 日

在中国人民大学档案学院举办首届"城建档案专业证书班",47 人参加,学制一年半。

5 月 5 日

由长沙市城建档案馆与湖南省计算技术研究所开发的《长沙市地下管网管理信息系统》通过省科委鉴定。

5 月 20 日

辽宁省城建档案协会组团赴美国考察。

5 月

建设部在广州市召开各省建委(建设厅)办公室主任会议,办公厅主任车书剑在讲话中明确:根据建设部"三定"方案,办公厅负责全国城建档案工作,日常工作由建设部城建档案工作办公室负责。

6 月 2～17 日

城建档案信息研究会组团赴英国伦敦大学档案情报学院及利物浦等五城市培训考察。

6 月 14 日

《江苏省工程建设管理条例》经第八届省人大常委会第二十一次会议通过。《条例》第十条和第二十一条对工程建设档案资料向市、县城建档案馆(室)移交及违反行为的处罚作了明确规定。

7月5日

修订后的《中华人民共和国档案法》经第八届全国人大常委会第20次会议审议通过,并公布施行。

7月11~12日

中国城科会城建档案信息研究会理论研究核心组第一次会议在上海召开。

7月23~25日

全国城建档案工作第四协作区第五次会议在贵阳市召开。会议特邀北京、上海、武汉、深圳城建档案馆参加。会议围绕城建档案现代化管理、法规建设、城市建设信息中心等问题进行研讨和交流。

7月

深圳市城建档案馆一行6人赴香港考察城建档案管理和信息化建设。

8月2~6日

全国第四届城建档案馆馆长研讨班在哈尔滨市举办,50多名馆长参加。研讨专题有:(福州馆副馆长李新泉主讲)"把加强城建档案管理纳入地方法制建设"主讲;"城市地下管线档案的有效管理"(北京馆副馆长苏文主讲);"城建档案现代化管理的最佳模式"南京馆副馆长王晋康主讲;(武汉馆馆长王大军"城建档案馆与城市建设信息中心"主讲)。

8月15日

建设部城档办和城建档案信息研究会发出通知,布置"城市建设信息需求与服务"课题的调研任务。

8月29日

建设部办公厅主任车书剑到西安市城建档案馆检查工作。

8月30日

中国城科会城建档案信息研究会秘书长王淑珍、副主任委员苏文、委员安小米在北京友谊宾馆与国际档案理事会声像委员会副主席彼得·杜赛克会面并交谈。

8月31日

山西省省长孙文盛签署第79号政府令,发布《山西省城建档案管理办法》。

9月2~7日

第十三届国际档案大会在北京召开。大会期间,法国、澳大利亚、美国、日本、加拿大等十多个国家的100多位档案人士参观北京市城建档案馆。建设部办公厅主任车书剑、办公厅副主任张允宽会见参加第十三届国际档案大会的各地城建档案馆馆长。

9月5~10日

为迎接十三届国际档案大会召开,安徽省建设厅在省博物馆举办"安徽省城市建设档案展览"。副省长杨多良出席开幕式并讲话。

9月17～22日

全国计划单列市、直辖市城建档案工作协作组第六次会议在天津、青岛召开。

10月8日

建设部城建档案工作办公室向部社团管理办公室呈送"关于成立《城建档案》杂志社的请示报告"。

10月

建设部部长侯捷到汕头市城建档案馆检查工作。

11月23日

建设部副部长李振东到烟台市城建档案馆检查工作。

11月24～26日

一年一度的全国城建档案工作座谈会在云南昆明市召开,各省、自治区、直辖市城建档案机构负责人参加。建设部办公厅巡视员郝圣锟、云南省和昆明市有关负责同志出席并讲话。会议讨论修改"城市建设档案管理岗位培训试行办法"、"城建档案馆(室)目标管理考评办法"、"城市地下管线工程档案管理办法",商议城建档案信息研究会的有关工作。

11月

浙江省建设厅、省档案局印发《浙江省市级城建档案馆定(升)级办法》。

12月4日

江苏省建设档案研究会成立十周年庆祝大会在盐城市召开。

本年

◇为迎接第十三届国际档案大会而举办了全国首届档案书法、绘画、摄影比赛,福建省永安市城建档案馆刘建平的摄影作品《水情·人情》荣获一等奖。

◇建设部城档办与中国人民大学档案学院合作编写的《城建档案工作指南》正式出版。

1997年

1月9～10日

江苏省城建档案工作会议暨开发区现场会在淮阴市召开。

1月16日

黑龙江省副省长马淑洁在省政府副秘书长赵志强等领导陪同下到哈尔滨市城建档案馆检查工作。

1月22日

上海市编委批准成立"上海市城市建设档案管理办公室",与上海市城建档案馆"两块牌子、一套班子"。

2月28日

建设部办公厅致函国家档案局,对"基建项目(工程)竣工文件编制及档案管理规范(征求意见稿)"和"国家重点建设项目档案管理登记办法(征求意见稿)"提出修改意见。

3月12日

建设部规划司、北京市规划局有关领导到北京市城建档案馆调研城市地下管线管理工作。

4月3日

建设部办公厅致函国家档案局,对"全国档案馆设置原则和布局方案"提出修改意见。

4月9日

建设部办公厅致函国家档案局,对"城市建设档案馆接收档案资料范围的规定"和"城市建设档案管理规定"提出修改意见。

4月

建设部城建档案考察团一行19人赴欧洲考察。

5月

建设部授予上海市城建档案馆"全国建设系统精神文明建设先进单位"称号。这是全国城建档案系统惟一被授予此称号的单位。

5月27日

建设部印发《城市建设档案馆目标管理考评办法》(建办[1997]120号)。8月14日城档办下发《关于城建档案馆目标管理考评工作有关事项的通知》。

6月2~3日

建设部城档办和城建档案信息研究会在京召开"城建信息需求与服务"课题小型座谈会,黑龙江省建委规划处、陕西省城建档案馆,哈尔滨、双鸭山、厦门等市城建档案馆馆长参加。

6月10~12日

湖南省城建档案工作会议暨城建档案协会成立大会在益阳市召开。

6月17日

建设部、国家统计局下发《关于认真做好城市市政公用设施普查资料归档工作的通知》。要求各市普查工作主管单位,必须向市城建档案馆(室)移交一套完整、系统的普查资料原件。

6月18日

上海市召开全市城建档案工作大会,并举行"上海市城建档案工作办公室"揭牌仪式。建设部办公厅副主任张允宽、上海市规划局党委书记陈政千等有关领导出席。

7月24～26日

中国城科会城建档案信息研究会在云南昆明市举办城市地下管线档案管理研讨会,全国14个省、市城建档案馆和昆明市专业管线单位的有关专家、学者近60人参加。会议对城市地下管线档案管理中如何采用GIS技术展开讨论,并听取建设部GIS工程技术研究中心、昆明市建设信息中心有关同志的报告。

7月24～27日

全国城建档案工作第一协作区第四次会议在河北秦皇岛市召开。

7月28日

"'98全国城建档案事业成就展"筹备会在秦皇岛市召开。

7月28日

国家档案局印发《城市建设档案归属与流向暂行办法》。

8月1日

湖北省省长蒋祝平签发省政府第127号令,发布《湖北省城市建设档案管理办法》。

8月8日

建设部下发《城市地下管线工程档案管理办法》。

8月18日

建设部下发通知,决定于1998年1月15日至1月18日,在北京中国军事博物馆举办'98全国城市建设档案事业成果展暨档案管理新设备新技术展示交流会。

8月19日

国家档案局、国家计委发布《国家重点建设项目档案管理登记办法》。

8月18～21日

全国城建档案工作第二协作区第五次会议在宁夏银川市召开。会议特邀北京、上海、南京、西安城建档案馆馆长分别做不同专题的讲座。会议还讨论了当前城建档案工作重点和发展方向。

8月26日

建设部城档办致函上海市规划局并上海市城建档案工作办公室,就工程档案保证金问题作进一步阐述。

9月10日

建设部城档办就工程档案保证金问题复函海南省建设厅,重申工程档案保证金对提高工程档案质量,保证建设单位按时报送竣工档案的重要作用。

9月18日

江苏省建委印发《关于城市建设档案馆接收范围问题的通知》。

9月18～20日

全国第二次城建档案优秀论文评选在湖北武汉市举行,此次评选活动共收到23个省、自治区、直辖市报送的论文440篇。评选结果:一等奖5名;二等奖19名;三等奖42名。10月,建设部城档办和城建档案信息研究会为获奖论文作者颁发了证书和奖金。

9月23日

江苏省建委致函省档案局、省物价局、省财政厅对国家档案局、国家计委8月19日联合下发的"关于发布'国家重点建设项目档案管理登记办法'的通知"提出意见,认为"登记办法"与现行法规、规章不符,不宜在江苏执行,以免造成行政管理的混乱。

9月27～10月10日

建设部城建档案工作考察团赴欧洲考察学习。

10月6～8日

全国城建档案工作第四协作区第四次会议在广东湛江市召开。

10月12日

建设部人事教育劳动司下发《关于实行城市建设档案馆馆长、城建档案管理员岗位培训、持证上岗制度的通知》。

10月

全国计划单列市、直辖市城建档案工作协作组第七次会议在成都、重庆召开。

12月15日

山西省副省长杜五安到省建设厅城建档案馆检查工作。

12月23日

建设部部长侯捷签发第61号部令,颁布《城市建设档案管理规定》。自1998年1月1日起施行。

12月

建设部城档办将河北省涿州市精美纸塑制品有限公司确定为城建档案无酸卷皮卷盒定点生产企业。

本年

◇全国城建档案工作第三协作区第七次会议在江西省南昌市召开。

◇大连市城建档案馆摄制的《历史性的变化》专题电视片,全面介绍大连城市建设发生的巨大变化。该片曾在中央台华夏掠影节目中播出,并由大连音像出版社正式出版发行。

1998 年

1月6日

建设部下发《关于表彰全国城建档案工作先进集体和先进工作者的决定》,授予上海市城建档案馆等63个单位全国城建档案工作先进集体称号,授予朱能泳等166名同志全国城建档案先进工作者称号。

1月15~17日

第三次全国城建档案工作会议在北京召开,建设部常务副部长叶如棠做工作报告,办公厅主任车书剑作会议总结,办公厅副主任张允宽宣读建设部《关于表彰全国城建档案工作先进集体和先进工作者的决定》。

1月15~18日

全国城建档案事业成果展暨档案管理新设备新技术展示交流会15日在北京中国军事博馆开幕,建设部部长侯捷为开幕式剪彩,办公厅主任车书剑在开幕式上讲话。17日叶如棠副部长专程参观展览。展览会于18日结束。全国有30个省、自治区、直辖市的200多个城市参展。此次展览是建国后举办的首次大型城建档案事业成果展,国务院副总理邹家华、全国人大常委会副委员长李锡铭、建设部部长侯捷、副部长叶如棠为展览题词。

2月25日

内蒙古自治区建设厅、自治区物价局联合下发《关于进一步明确竣工档案保证金收费性质的通知》。

3月10日

建设部办公厅公布城建档案馆目标管理国家级评审员名单。共34名,聘期5年。

3月14日

辽宁省副省长赵新良在省建设厅厅长赵俊林、副厅长朱京海、市政府秘书长泰明等领导陪同下,到沈阳市城建档案馆检查工作。

3月24~25日

全国城建档案工作座谈会在福建泉州市召开,会议讨论如何贯彻落实建设部第61号部令,以及《城建档案馆目标管理考评办法》、《城建档案馆馆长、城建档案管理员岗位培训实施办法》。

4月10日

中国城市科学研究会城建档案信息研究会更名为"中国城市科学研究会城建档案信息专业委员会"。

4月27日

由中国档案学会副理事长丁文进陪同,日本企业史料协会代表团后藤新一等一行7人到昆明市城建档案馆参观考察、交流经验。

5月7日

瑞士苏黎世档案界人士访问昆明市城建档案馆。

5月27日

国家档案局档案馆室业务指导司副司长孙钢,贵州省档案局局长刘强等到贵阳市城建档案馆检查工作。

6月6~21日

由建设部城档办和城建档案信息专业委员会组织的"城建档案信息现代化管理考察团"赴德、法、荷兰等国学习考察。

6月28日~7月2日

国际建筑博物联合会第九届大会和国际档案理事会建筑临时处成立大会在英国爱丁堡召开,中国城科会城建档案信息专业委员应邀派4名代表参加。这是我国城建档案工作者独立组团首次参加国际档案界建筑专业档案方面的活动。我国档案工作学者、中国人民大学副教授安小米成为首届指导委员会成员。

7月24日

昆明市城建监察总队城建档案监察大队在昆明城建档案馆正式挂牌成立。1999年1月20日,建设部办公厅转发昆明市建委《关于委托城建档案监察大队执行城建档案管理监察的决定》。

8月12~18日

全国第一期城建档案馆馆长岗位培训班在昆明举办,有80余名馆长参加培训。

9月22~27日

城建档案信息专业委员会声像档案组在乌鲁木齐市召开会议,讨论"城市建设声像档案管理规定(草稿)"。

9月

"全国城建档案基础信息统计管理系统"开始启用。

10月21日

经国务院减负办联席会议批准,财政部、国家发展计划委员会印发《关于公布取消第二批行政事业性收费项目的通知》,城建档案保证金列入20个被取消的行政事业性收费项目之中。

10月29日

重庆市市长蒲海青签发市政府第38号令,颁布《重庆市城市建设档案管理办法》。

12月7日

重庆市召开成为直辖市后的第一次城建档案工作会议,研究贯彻新颁发的《城市建设档案管理办法》。

11月20日

建设部下发《关于国家公布取消第二批行政事业性收费项目后有关行业管理经费问题的通知》，对涉及城建档案保证金在内的建设行业七项行政性收费取消后，如何解决行政管理经费的问题提出建议意见。

11月12日

山东省建委颁发《关于加强工程档案报送和管理工作的通知》。

12月8日

湖南省建委、省档案局颁发《关于进一步加强建设工程档案管理的通知》。

12月16日

建设部办公厅下发《关于批准哈尔滨等11个城建档案馆晋升国家级城建档案馆的通报》，批准哈尔滨、沈阳、乌鲁木齐、佛山、广州、长春、蚌埠、武汉、昆明9个城建档案馆晋升为国家一级馆，镇江、曲靖城建档案馆晋升为国家二级馆。以上11个城建档案馆成为全国第一批国家级档案馆。

12月29日

云南省建设厅颁发《关于进一步加强建设工程档案管理的通知》。

12月31日

浙江省建设厅颁发《关于进一步加强城建档案工作的通知》。

12月

辽宁省建设厅颁发《关于在本溪市、普兰店市进行各类建设工程监理试点的通知》。

本年

◇建设部城档办于上半年启动城建档案计算机管理统筹规划工作，为此成立了由部办公厅主管领导负责，部分城建档案馆馆长组成的领导小组，主要负责制定有关标准规范，推荐先进管理模式，指导城建档案现代化管理工作，推动现代化管理进程。

1999年

1月29日

建设部办公厅印发"关于采用计算机统计软件认真做好1998年度城建档案统计工作的通知"。

2月26日

建设部印发《关于认真贯彻国务院办公厅(国办发[1999]16号)文件精神，做好城市基础设施建设档案工作的通知》。

3月2日

贵州省建设厅、省档案局联合颁发《关于加强建设工程档案管理的规定》。

3月10日

建设部办公厅印发《关于进一步加强城建档案工作的通知》,要求各地建设主管部门在机构改革中,重视城建档案工作,保证城建档案机构和人员的相对稳定。

3月17~26日

全国第二期城建档案馆馆长岗位培训班在海南海口市举办。

3月27~28日

全国城建档案工作座谈会在海口市召开,建设部办公厅副主任张国印、海南省建设厅副厅长陈有炎到会并讲话。

4月26日

内蒙古自治区建设厅下发《关于加强建设工程竣工档案管理工作的通知》。

4月30日

湖北省建设厅下发《关于认真做好全省城建档案管理行政执法工作的通知》。明确由各市建委(建设局)委托城建档案馆履行行政执法职能。

5月5日

辽宁省建设厅下发《关于加强各类建设工程竣工档案管理的通知》。

5月12日

建设部办公厅就建设工程项目前期文件收集问题给浙江省建设厅复函,要求"建设工程项目前期文件的原件应当保存在城建档案馆"。同时强调:"工程档案是一个完整的、不可分割的整体,不能将工程项目前期文件的原件从成套的档案整体中分割出去"。

5月18日

山西省运城市城建档案管理办公室发出《关于建立城市基础设施工程质量终身负责制人员档案的通知》。同年10月,建立起第一批"人员档案"。这是城建档案馆介入工程质量管理的尝试。

5月27日

建设部城档办发出《关于解决城建档案系统计算机2000年问题的通知》。

5月27日

江苏省建委下发《关于在工程建设管理中加强建设档案工作的通知》。

6月2日

浙江省政府第114号令颁布《浙江省城市建设档案管理办法》。

6月10日

黑龙江省建委下发《关于加强建设工程竣工档案管理工作的通知》。

6月22日

山东省建委下发《山东省建设工程档案移交规定》。

河北省建委印发《关于进一步加强城建档案工作的通知》。

7月5日

安徽省建设厅印发《关于进一步加强建设工程档案管理的通知》。

10月16～30日

建设部城建档案工作考察团一行18人赴欧洲考察档案现代化管理。

10月20～28日

全国第三期城建档案馆馆长岗位培训班在陕西西安市举办。

11月29～30日

全国城建档案工作第四协作区第六次会议在广西南宁市召开。

12月3日

天津市档案学会城建系统分会成立。

12月23日

建设部颁发《关于批准深圳等23个城建档案馆晋升为国家级城建档案馆的通报》。批准深圳、苏州、常熟、南通、常州、无锡、杭州、济南、青岛、大连、淄博、招远、莱州、蓬莱、烟台、盐城、衡阳、南宁、三明、龙岩等20个城建档案馆和上海市浦东新区城建档案信息中心为国家一级馆；批准莱阳市、上海市金山区城建档案馆为国家二级馆。

12月23日

山西省建委下发《关于加强建设项目档案管理的通知》。

12月28日

陕西省建设厅下发《关于进一步做好城建档案馆目标管理工作的通知》。

2000年

1月24日

河北省政府批准由省建委颁发《河北省城市建设档案管理规定》。

1月25日

全国建设信息工作座谈会在海口市召开，研究加强行业信息化建设，为各级建设行政主管部门和企业单位做好信息服务等问题。

1月30日

国务院颁布《建设工程质量管理条例》，明确规定：建设工程竣工验收必须有完整的档案资料，违反规定的将处以1万元以上10万元以下罚款。

2月23～24日

江苏省城建档案工作会议在南京市召开。

3月9日

安徽省建设厅下发《关于实行"建设工程档案责任书"和"建设工程档案合格证"制度的通知》。

4月4日

斯洛文尼亚国家档案馆代表团一行5人到北京市城建档案馆考察。

4月20～28日

全国第四期城建档案馆馆长岗位培训班在广东珠海市举办。建设部人教司培训处派人检查指导,用调查表的形式对岗位培训工作进行评估。

4月28日

北京市人大代表到市城建档案馆视察,呼吁制止工程竣工图失准和不归档行为。

5月15～20日

全国城建档案工作第三协作区第七次会议在江西南昌市召开,建设部办公厅副主任张国印到会并讲话。

5月24日

建设部办公厅转发《国家档案局、中央档案馆"关于进一步加强档案安全保管工作的通知"》。

5月30日

福建省建设厅、省档案局联合下发《关于进一步加强城市建设项目档案管理的通知》。

6月6日

江苏省建设厅颁发《江苏省城市建设档案业务工作细则》。

6月19日

云南省政府第96号令颁发《云南省城市建设档案管理规定》。

6月22日

河北省建设厅颁发《河北省建设工程竣工验收及备案管理暂行办法》。

6月26～29日

由湖北省档案学会城建档案研究分会主办的建设工程声像档案管理工作培训与经验交流会在宜昌市举行。

7月26日

江西省建设厅下发《关于进一步加强城建档案工作的通知》。

8月1日

山东省建设厅下发《关于开展建设工程档案和城建档案管理工作执法检查的

通知》。

8月9日

杭州市政府第154号令颁发《杭州市城市地下管线工程档案管理办法》。

8月

建设部城建档案考察团一行18人,赴美考察地下管线信息管理。

9月21日

第14届国际档案大会在西班牙塞维利亚召开,建设部办公厅副主任张国印率中国城建档案工作代表团前往参加。大会批准成立建筑档案处,该处组织"建筑档案鉴定"讲座,我国学者安小米做"中国建筑档案的鉴定"专题发言。

9月

辽宁省建设厅颁发《辽宁省城市建设档案管理规定》。

10月10日

《城建档案著录规范》通过专家审定。2001年3月作为国家标准颁布。

10月26日

山东省城建档案工作执法检查现场会在枣庄市召开。

10月27日

四川省建设厅下发《关于在西部大开发中加强城建档案管理工作的通知》。

10月27日

《西安市城市建设档案管理条例》颁布实施,这是我国城建档案管理的第一部地方法规。

11月18日~12月3日

城建档案工作考察团一行13人,赴美国考察档案现代化管理。

12月6~21日

城建档案工作考察团一行10人,赴德国考察档案现代化管理。

12月12~14日

中国城科会城建档案信息专业委员会第三届会员代表大会在广东省中山市召开,30个省、自治区、直辖市100多位代表出席。会议总结了第二届专委会的工作,选举产生第三届委员会,建设部办公厅副主任张国印当选主任委员。